새로운 삶의 입구

IPKU MAGAZINE

입구매거진

IPKU MAGAZINE 2호: 고독과 공존 사이

Publisher 조성택

Director 오현성

Editor 박수빈, 손수빈, 이상민, 조예지

Design 윤가희

Contents 아라티 쿠마르-라오, 린 로씨, 윌리엄 반 고든, 강용수, 김고은, 김윤화, 김현환, 나진경, 박수빈, 성소은, 신하영, 안웅현, 엄주엽, 유슬기, 장선우, 최종안, 한윤정, 허경, 황진영

Art cover Edward Hopper, Automat, oil painting, 1927

발행 2024.07.10.

등록번호 427-27-01132

등록일자 2021.11.19.

발행처 IPKU

주소 (04521) 서울시 중구 무교동1, 효령빌딩 405호

전화번호 070-4694-3496

홈페이지 www.ipku.co.kr

이메일 desk@ipku.co.kr

마인드랩의 인문, 영성 전문 잡지 입구매거진은 플라톤아카데미와 우덕재단의 후원으로 제작되고 있습니다.

값은 뒤표지에 표시되어 있습니다.

ISSN **3022-3296**

ISBN **979-11-976674-5-9**

IPKU MAGAZINE
고독과 공존 사이

입구 매거진 2호의 표지는 '고독의 화가' 에드워드 호퍼의 작품 〈무인카페(Automat)〉입니다. 늦은 밤 커피 한 잔을 들고 카페에 앉아있는 여성의 모습이 인상적입니다. 주변을 의식한 듯 한껏 꾸민 채로 홀로 앉아 있는 여인의 모습은, 타인의 관심과 애정을 갈구하면서도 고독이 필요한 현대인의 모습과 겹쳐 보입니다.

이번 호의 주제인 "고독과 공존 사이"는 사실 관계의 어려움에 대한 이야기입니다. 타인과의 관계에 매몰된 인간도, 타인으로부터 고립된 인간도 행복해질 수 없습니다. '고독'한 개인이 타인과의 관계를 통해 이루는 '공존'은 어떻게 가능할까요? '적절한 거리두기'와 같은 관계의 기술들이 최선의 답변일까요? 여기 고독과 공존을 탐구하는 스무 가지 글을 준비했습니다.

첫 번째 모둠인 '관계와 삶'은 일상의 경험에서 나오는 관계의 경험들을 담았습니다. 누구의 말도 듣지 않는 고집불통의 직장인을 변화하도록 만든 것은 "네 탓이 아니다."라는 상사의 진심 어린 한마디 말이었습니다. 도시 생활을 정리하고 고향에서 농사를 시작한 이는 사람와의 관계가 공간을 바꾼다는 사실을 깨닫고 이웃과의 거리두기를 그만둡니다. 영적 중심지에 있는 숨겨진 강을 찾아 떠나 고난을 겪으며 공존의 의미를 다시 생각하는 탐험가의 여정은 고독한 삶에서 만나는 새로운 관계 맺음의 기적을 그려냅니다.

두 번째 모둠인 '철학과 영성'에서는 철학과 종교, 심리학의 관점에서 고독과 공존을 논합니다. 심리학에서는 우리에게 필요한 것은 관계로부터의 해방이 아니라 의무적 관계로부터의 해방이라고 말합니다. 철학자 쇼펜하우어는 '고독'이야말로 진정한 행복의 조건이라고 말합니다. 고독은 세상으로부터의 고립이 아닌 자신을 온전히 들여다볼 수 있는 자기성찰의 시간입니다. '고독'을 통해 '공존'은 완성됩니다.

마지막 모둠인 '마음챙김과 명상'에서는 관계에 대한 통찰을 생활에서 실천할 수 있는 명상법을 소개하였습니다. '경험 자아'와 '관찰 자아'의 알아차림, 감정에서 물러나 판단하는 법, 보다 건강한 마음을 위한 호흡 연습 등을 통해, 우리는 관계의 중심에 내가 있음을 확인할 수 있습니다.

입구 매거진은 너와 나, 우리가 나누는 이야기의 입구입니다. 고독과 공존을 다루는 입구의 이번 이야기가 새로운 삶의 입구를 찾아가는 이들의 나침반이 되길 기원합니다.

입구매거진 편집부

CONTENTS

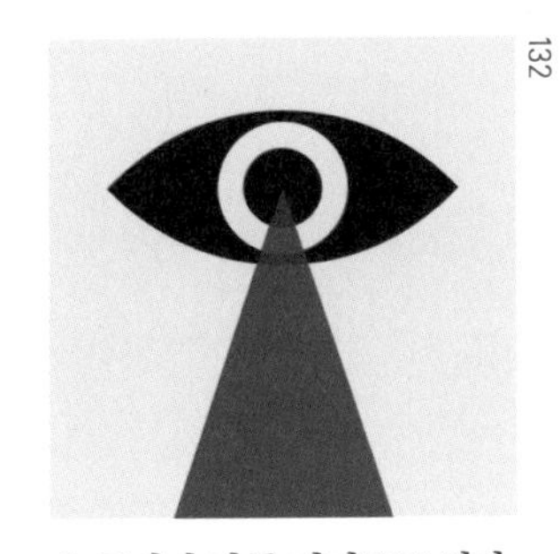

네 탓이 아니야

| **안웅현** 팟빵 〈퇴근길 씨네마〉 진행자

"팀장님, 이렇게 일하는 건 아니지 않나요?"

일한 지 벌써 8년째인 중견급 직장인이 되고 나서야 돌아보는 나의 초년생 시절은 참으로 당돌했다.

직장에서 소통과 진행의 과정은 나의 마음을 답답하게 했다. 머리로나 가슴으로나 이해가 가지 않는 상황에 직면하면 나는 도무지 가만히 참고 있을 수가 없었다. 기업이 추구하는 비전에 부합되는 목적 달성을 위해 구성원들은 모두 같은 방향을 바라봐야만 했다. 하지만 목적지가 정해졌다고 해서 올바른 방법이 함께 마련되는 것은 아니다. 많은 아이디어 가운데 모든 구성원에게 공감을 살만한 하나의 목표 실현 방법은 존재하지 않는다. 이런 경우, 대부분은 위에서 내려오는 지시에 따를 수밖에 없다. 전형적인 관료주의의 폐해를 의식적으로 수용하는 것은 직장인의 숙

명이기도 하다. 이런 과정에서 일은 꼬이고 관계는 정체된다.

나는 직장인의 고유 속성인 '무조건 수용'에 저항하는 타입이다. 문제를 발견하면 도무지 입이 근질거려 가만히 있지 못한 나였다. 무능력한 상사가 일을 방치시키는 태도를 조용히 지켜볼 수 없었고, 납득 불가한 결단을 내리는 회사의 방침을 수용할 수 없었다. 아무도 말하지 못하는 진실을 폭로해야 한다는 정의감, 그래서 불편한 상황에 부닥칠지라도 회사를 바른 방향으로 이끌어가야 한다는 의지로 충만했다. 이런 투쟁에 취해있던 나는 조직의 반항아였다.

문제는 나의 정의감 충만한 분노가 늘 엉뚱한 곳으로 향했다는 점이다. 그 대상은 우리 팀의 팀장이었다. 그도 그럴 것이 회사의 문제를 해결하고자 임원에게 뛰어가서 열변을 토로할 수도 없고, 관계가 모호한 다른 팀에게 책임을 추궁하기도 어려웠기 때문이다. 내 의견을 터놓을 곳이 직속 상사밖에 없다 보니 팀장님은 언제나 나의 직언 분출 창구가 됐다. 내가 자리를 박차고 일어나 소리를 높이는 날이면 팀장님의 깊은 한숨이 사무실 바닥에 얕게 깔리는 것이 느껴질 정도였다.

팀장의 삶이 녹록지는 않다. 팀장은 배려심을 갖고 팀원 한 명 한 명을 지켜보고, 의욕을 가지도록 동기부여도 해주어야 한다. 만약 잘못된 방향으로 일이 진행되면 올바른 피드백을 공유해야 한다. 적당한 긴장감을 유지하면서도 편하게 지내야 한다. 심지어 퇴사하려는 움직임이 보이면 방어까지 해야 한다. 나와 같은 반항아 하나를 관리하기에는 신경 쓸 일이 너무 많다. 조용한 사무실에서 논리적인 소란을 피우는 것은 언제나 나였다. 정의감일지 패기일지 혹은 반항심이나 비아냥일지 모를 주장은 그렇게 그의 가슴에 꽂혔다.

나라고 무조건 따지기만 하는 것은 아니다. 나름 회사에 대한 애정이 깊다고 자부하는 나다. 나 같은 희귀종을 뽑아준 회사가 더 성공하도록 최선을 다하고 싶었다. 이 대찬 포부를 무너뜨리는 누군가의 의견이나 회사의 방침과 같은 온갖 장애물들이 나타나면 반드시 깨부숴 버려야만 했다. 나만큼 회사를 진심으로 사랑하는 사람은 없을 테니 말이다. 만약 내가 인정할 정도의 마음을 가진 사람이 있다면 그의 의견을 경청할 각오가 되어있다. 누군가는 나를 보고 할 말은 하는 멋진 사람이라고 생각할 테고, 혹자는 위아래도 없는 예의 없는 인간으로 여길지도 모른다. 나의 공개 저격은 단순한 화풀이가 아니기에 고귀하다고 생각했다. 'High Risk, High Return' 나는 리스크를 감수할 용기를 지녔다고 자부했다. 하지만 그것도 잠시, 그렇게 내질러 버리곤 금세 후회하는 일의 연속이었다. 애착의 대상이던 회사가 일순간 불편해 견딜 수 없어졌다.

영화 '굿 윌 헌팅'의 주인공 윌 헌팅은 청소부 일을 하다 우연히 대학교수에게 발견된 희대의 천재다. 천재적인 기억력과 수리 능력을 갖춘 그는 역사와 법률에도 조예가 깊고 예술적인 통찰력도 갖췄다. 윌의 천부적인 재능을 끌어내고자 수많은 정신과 의사들이 노력하지만 모두 실패하고 만다. 냉소적인 태도로 가시 돋친 말을 거침없이 내뱉는 반항아인 그는 사회의 일원이 되기를 극구 거부한다. 그의 공격적인 언행은 어린 시절 불우한 환경에서 받은 상처 때문에 생긴 일종의 방어기제에서 비롯된 것이었다. 유능함으로 무장한 의사들은 그의 문제를 도저히 해결할 수 없었고, 도망가기 바빴다.

“사람들에게 감정을 숨기는 것이 어려워요.”

윌 헌팅 (영화 ‘굿 윌 헌팅’ 중에서)

자신이 상처받기 전에 먼저 타인에게 상처를 주어 떠나게 만드는 것이 그의 관계 맺음 방식이다. 그런 윌의 마음을 연 것은 비슷한 아픔을 가진 정신과 교수 숀이다. 해법은 특별할 것 없었다. 전문용어를 남발하는 상담 대신 그저 지켜보기만 했다. 그러던 중 숀은 담담한 태도로 자신의 죽은 아내 이야기를 꺼냈다. 앞에 앉아서 '아내가 방귀를 뀌었는데 강아지가 놀란

나머지 짖더라' 같은 시시껄렁한 얘기를 해주는 게 전부였다. 마치 궁지에 몰린 고양이처럼 발톱을 치켜세운 윌 역시도 경계를 풀고 조금씩 다가왔다. 한 사람의 인생을 바꾸는 것은 거창한 계획이나 그럴듯한 이론이 아니다. 그저 함께 얘기 나누고 웃고 떠들며 때론 눈물 흘리는 사소함에서 변화가 시작된다. 아무 말 없이 바라보는 따뜻한 시선에 마음이 녹아내리는 것이다.

직장에서 나는 윌과 닮아 있었다. 상처받기 전에 상처를 주는 그와 같았다. 보수적인 환경을 그저 무조건 수용해야만 하는 상황을 견딜 수 없었던 나는 직설적인 화법으로 상대를 굴복시키고자 했다. 일종의 충격요법이라고 생각했다. 그 충격에 상대방이 의견을 수용하면 내가 원하는 방향으로 일이 진행될 것이고, 반대로 무시당하더라도 '할 말은 했다'라는 최소한의 위안을 핑계로 상처받거나 실망에 빠지지 않아서 좋았다. 나는 잘못 학습된 방어기제를 펼치고 있었다. 그래서 팀장과 나는 다른 방식으로 관계하고 있었다.

팀장은 어린 나를 사회인으로 만들어준 스승이다. 부하직원에게 엄격하기로 유명했던 그가 유독 나에게는 한없이 부드러운 상사였다. 내가 어떤 의견을 내도 실무자로서 존중해주었고 전권을 주되 책임을 묻지 않았다. 돌이켜보면 버릇없는 나를 멀리하고 꺼렸을 수도 있었을 그였다. 하지만 그러지 않았다. 혈기 왕성한 내 모습에서 당신의 어린 시절을 떠올리고 '그때는 그럴 때야'라며 도리어 격려해주었다. 천둥벌거숭이 같던 나는 그를 만나 조금씩 둥글게 다듬어졌고, 내 의견을 개진하는 법을 배워나갔다.

"웅현아, 잠깐 나 좀 보자."

아침부터 날 회의실로 불러 앉힌 팀장의 얼굴은 조금 굳어 있었다. 그러나 왠지 모르게 온화함은 여전하다고 느꼈다.

"팀장이 아니라 사회생활 먼저 한 형으로 얘기할게."

뻔한 레퍼토리 이후 잔소리가 이어질 줄 알았지만, 뒤에 나온 말은 의외였다.

“네 탓이 아니야”

숀 맥과이어 (영화 ‘굿 윌 헌팅’ 중에서)

"널 보면 젊을 때 나를 보는 것 같다. 대쪽 같은 신념이 있는 건 참 좋은 거야. 하지만 일이란 결국 사람 사이의 소통이라, 네 말이 맞는 말이라 하더라도 너무 빳빳한 자세로 나가면 원하는 방향으로 일을 진행하기 어려워진다. 사회생활은 갈대처럼 유연해야 해. 곧은 나무는 잘못하면 부러질 수 있거든."

"……"

"어릴 때는 그럴 수 있다. 나도 그랬어. 넌 잘할 수 있는 놈이야. 네 잘못이 아니야."

저항하려 해도 조목조목 틀린 말이 없었다. 나는 솔직함을 가장한 무례를 저질러 왔다. 나에게도, 팀에게도 좋은 것이 없는 행동이었음을 알면서도 옳은 행동이라고 자기 최면을 걸고 있었을 뿐이었다. 그런데 그는 나를 혼내지 않았다. 충분히 감정적일 수 있는데도, 조곤조곤한 말과 위로로 나를 뉘우치게 했다.

"네 잘못이 아니야…" 담담하게 말하는 팀장을 보고 눈물이 흘렀다. 그간의 후회와 죄송함과 감사함, 수많은 감정이 복합적으로 섞인 소용돌이였다. 그래, 윌도 '네가 힘들었던 건 네 탓이 아니야'라는 숀 교수의 말을 듣고 엉엉 울었지. 팀장이나 숀 모두 경험과 지식을 갖춘 전문가였다. 그들은 혼자라서 외로웠음에도 누구보다 강한 모습을 보였다. 그 외로움을 채워줄 어른이 필요하진 않았을까. 나는 풋내기 반항아에서 어른이 되기로 결심했다.

하루를 세 부분으로 나누면 한 부분은 잠자는 시간이고, 다른 하나는 여가 시간이고, 남은 하나는 직장생활이다. 나는 오늘도 직장에서 내 모습을 들여다본다. '일'을 매개로 '나'의 한 부분을 적나라하게 살펴보고 반성하고 교정해 나간다. 나의 관계 맺음은 그렇게 이어지고 있다. 윌에게는 숀이, 나에게는 팀장이 있다. 그들은 각자의 방식대로 나를 가르쳤고 위로하고 모난 철부지를 사회에 맞는 모양으로 다듬어주었다.

아직도 불편하지만, 혼자이면 외로워 돌아가고 싶은 애증의 공간. 나는 오늘도 직장과 관계하고 있다.

안웅현

모두에게 따듯한 사람으로 기억되고 싶은 박애주의자. 하지만 스스로에게는 냉혹한 현실주의자로 끊임없이 수양과 발전을 추구하는 '자기계발러'. 긍정의 힘을 믿으며 모두를 좋은 에너지로 물들이는 삶에 관심이 많다. '대大 이직'의 시대에 첫 회사에서만 편성 PD로 7년째 근무 중이며, 채널 전략 설정과 다수 예능 프로그램 론칭 과정에 참여했다. 일과는 별개로 콘텐츠 만들기를 즐겨서 팟빵 채널 〈퇴근길 씨네마〉 외 스포츠, 교양 팟캐스트에서도 목소리를 알렸다. 죽는 날까지 읽고, 감사하고, 사유하는 일을 멈추지 않을 것이다.

함께 그리고 위로

| **신하영** IPKU 네덜란드 통신원

한국에서는 설 연휴가 끼어 있던 그 주, 회사에서 한국 음식을 먹는 것을 자제해달라는 부탁을 받았다.

말을 전달해 주던 이는 내게 예의를 지키느라 에둘러 얘기했지만 결국 본론은 다른 사람들에게는 그 냄새가 역하게 느껴진다는 내용이었다. 얼떨떨했다. 당황스러웠고, 부끄러웠으며 수치심까지 들었다. 그리고 무엇보다 화가 났다. 참 어른스럽지도 못하게 발끈하며 "역시 시시한 음식만 먹고 사는 네덜란드 사람들답네요." 라는 식으로 반응했다. 퇴근길에 운전하며 다시 곰곰이 생각해 보니 그러지 말 걸 그랬나 싶은 생각도 들었다. 그리고 이런 고민을 하고 있다는 상황 자체가 서러웠다.

사실 영국의 아성에 가려졌을 뿐이지, 네덜란드야말로 요리에 대해서는 악명이 높지 않은가. 네덜란드 사람들은 유럽에서도 음식에 그다지 흥미가 없는 인종으로 꽤 유명하다. 그들의 전통 음식만 살펴봐도 알만하다. 네덜란드 대표 음식인 스탐폿Stamppot은 감자를 메인 재료로 당근, 케일 등을 한 솥에서 푹 삶아 으깨어서 소시지와 함께 먹는 음식이다. 소금이나 그레이비와 먹거나 꼭 염분이 꽉 찬 소시지를 곁들이지 않는 이상에야 그냥 으깬 감자 맛 이하도 이상도 아니라고 생각할 정도였다.

그 밖에도 그놈의 감자를 주제로 정체 모를 여러 종류의 다진 고기를 다양하게 모양을 내서 튀긴 음식 정도가 네덜란드가 내세우는 전통 음식이다. 그나마 유명한 구다Gouda 치즈 정도 되는 지역 특산품이 아니면 과연 '음식'이라고 할 수 있을지도 의문이다. 이렇다 보니 이곳에서 만난 외국인들, 특히 한국만큼이나 음식을 중요시하는 이탈리안, 프렌치, 인디언 배경을 가진 이들은 입을 모아 불평했다.

백번 양보해서 현지 음식을 먹어야겠다고 다짐한대도 일단 현지식을 파는 식당 자체가 많지 않다. 있다고 하더라도 코스요리로 구성되어 가격이 비싸거나 패스트푸드에 가까운 수준이다. 작정하고 찾는다면 굳이 없지는 않겠지만 그나마도 외식비가 상당히 비싼 네덜란드에선 말 그대로 가성비가 상당히 떨어져서 매력적이지가 않다. 그냥 참고 넘기는 것으로 하루를 넘겨왔다.

5년 동안 이곳에서 살며 그나마 가장 네덜란드다우면서도 맛있다고 칠 수 있는 음식들을 찾아내긴 했다. 그런데 사실 네덜란드의 전통 음식은 아니다. 그 이름도 낯선 '네덜란드식 인도네시아 음식'으로, 네덜란드인들이 교역이나 식민지배 과정에서 타국의 음식을 받아들이면서 형성된 것이다.

인도네시아 출신 친구들과 이에 대해 얘기를 나누다 보면 칠색 팔색을 하는 경우가 흔하다. 현지 인도네시아 음식에 비하면 상당한 양의 케첩과 설탕 등이 첨가되어 전혀 본국의 맛과는 거리가 머니 비교도 하지 말아 달라는 식이다. 이렇듯 그나마 '자극적'이라고 해봤자 어찌 보면 무색, 무미, 무취의 전통 음식을 가진 네덜란드 사람들이 보기에 나와 한국 음식의 개성은 부담스러울지도 모르겠다.

혼자 동떨어진 곳에서 누군가에게 꺼려진다는 생각이 드니 서럽기 시작했다. 내가 무슨 부귀영화를 누리자고 내가 좋아하는 음식도 못 먹는 곳에서 고생하며 일하고 있는가. 팍 쉬어버린 김치나 쿰쿰한 된장찌개, 청국장은 엄두조차 내지 못했다. 나름 배려한다고 그냥 고추장이나 간장을 이용한 볶음요리들로 점심 도시락을 챙겨갔었는데 아무래도 마늘이 주범인 듯하였다. 엎친 데 덮친 격으로 한국에 있는 가족들은 둘러앉아 명절 음식이며 떡국이며 이것저것 먹는 사진이 휴대전화 메시지로 전송돼 차곡차곡 쌓여가고 있었다. 눈물이 왈칵 날 것만 같았다.

집으로 오자마자 냉장고와 냉동고를 열어젖히고 우리나라에 왔을 때 엄마 아빠가 바리바리 싸주신 식재료들을 모두 꺼내보았다. 이 중에서 냄새가 그나마 덜 나는 것들로 만들 수 있는 음식이 있는지 볼 요량이었다. 나는 죽어도 이곳 사람들처럼 빵 쪼가리에 치즈 한 장 올려 먹는 식의 점심을 먹고서는 도저히 근무시간을 버틸 자신이 없었다. 유럽의 워라밸이 좋다는 것은 환상이었다. 업무 강도는 상상 이상이었기에 꼭 따듯한 점심으로 에너지를 채워야 했다. 그래야지만 하루를 겨우 버틸 수 있을 것 같았다. 냉장고 구석 한쪽, 엄마가 싸주신 젓갈이 보관이 잘못되었는지 팍 상해 있는 걸 발견했다. 짜증과 함께 눈물이 차올라 젓갈을 그냥 통째로 쓰레기통에 처박아버렸다.

지난 설 연휴는 주말이 걸쳐져 있었는데 당연하게도 네덜란드에 사는 나는 설날이랄 것도 없이 그냥 시간을 흘려보내려고 했다. 상한 젓갈을 찾은 김에 냉장고를 다 뒤집어 꺼내 정리하는 와중에 지인에게 연락이 왔다. "I heard it is Lunar new year this weekend. What are your plans? 이번 주말이 설날이란 걸 들었어. 무슨 계획 있어?" 평소 같으면 별일 없다고 답했을 텐데, 겪은 일이 일인지라 서러운 마음을 어찌 달랠지 알 길이 없었다. 곧장 지인에게 전화를 걸어 이런저런 투정을 부렸다. 친구는 나만큼 화를 내주었고 조금은 위로가 되었다. 그러더니 마지막쯤에 한국에서 설 연휴에 꼭 먹는 음식이 뭐냐고 묻더니 함께 만들어 먹자고 했다.

그 길로 당장 달려와 준 그녀는 네덜란드에서 나고 자랐지만, 아시아를 포함한 세계 곳곳을 여행하며 여러 가지 음식을 맛본 경험이 있는 흔히 말해 열려있는 스타일의 사람이다. 그중에서도 특히 이탈리아에서 장기간 거주한 경험이 있는 그녀에게 아무래도 마늘이 주범인 것 같다는 나의 의견은 씨알도 먹히지 않았다. 이탈리아도 알리오 올리오 파스타니 볼로네제 소스니, 마늘이 꼭 들어가는 레시피가 주를 이루기 때문에 그녀 또한 마늘 없이는 못 사는 축에 속했기 때문이다. 누군가 공감을 해주니 벌써 마음이 조금은 풀리는 듯했다.

냉장고 속 재료들로 대충 참기름 냄새와 마늘 냄새가 폴폴 풍기는 명절 대표 음식인 잡채를 만들기 시작한 나를 골똘히 바라보던 그녀는 이제 어떡할 거냐는 식의 질문을 던졌다. 어떡하긴 뭘 어떡해, '비주류'인 내가 숙이고 들어가야 한다고 대답하자 차라리 그들에게 너

©白xiaobai

의 음식을 먹어보도록 해보는 건 어떻겠냐고 물었다. 냄새와 맛이 낯설다면 오히려 부딪히고 먹어보게 해서 그 낯섦을 떨쳐내라는, 직설적인 더치 문화에 걸맞은 그녀에게서 나온 상당히 단도직입적인 해결 방안이었다. '참 그녀답다'라는 생각에 씩 미소가 번졌다.

한 시간 전까지만 해도 네덜란드의 식문화 때문에 서러움과 짜증이 몰려와 눈물이 났는데 이렇게 또 예상치 못하게 오히려 네덜란드의 문화 덕에 웃게 되고 위로를 받는다니 참 아이러니하다는 생각도 들었다. 완곡어법과 고맥락 high context 문화가 주를 이루는 대한민국 출신의 내가 강력한 악취로 느껴질 수도 있는 음식을 즐겨 먹듯, 더치들도 직설적인 어법과는 달리 완곡한 음식문화를 즐긴다는 걸 깨달았다. 내가 그들의 문화를 직접 겪어보고 배우며 위로를 받은 것처럼, 그들도 직접 겪어봐야 진심과 의미를 알게 되지 않을까? 너무 성급히 더치들을 비난한 건 아닌지 반성의 마음도 들었다.

완성된 잡채는 알록달록한 색을 자랑했다. 참기름 덕에 고소한 냄새와 함께 반짝반짝 윤이 났고 마늘과 간장의 향미가 어우러져 냄새만으로도 군침이 고였다. 회사에서의 일 때문에 조금 긴장한 채로 한번 먹어보라는 권유를 하기도 전, 그녀는 한 젓가락 크게 집어 한입에 넣었다. 우물우물 채 삼키기도 전에 너희 회사 사람들은 이걸 먹어보기만 하면 마늘이나 냄새에 대한 불평불만들이 쏙 들어갈 거라며 자신의 해결책을 다시 한번 피력했다. 우리는 그날 두 명 다 배를 두드릴 만큼 과식을 했지만 그래도 한결 기분이 좋아져 마냥 행복했다.

그래, 모두가 좋아하진 않더라도 이렇게 내 진심과 문화를 인정해 주는 친구 한 명이 있는 것만으로도, 그리고 내가 사랑하는 나의 문화를 누군가와 나누는 것만으로도 타지살이에서 작지만 큰 위로가 되니 그걸로 됐다.

신하영

한국에서 나고 자란 뒤 고등학교 졸업 후 처음 한국을 떠나 '집'이라 부를 곳을 찾아 호주, 이탈리아, 그리고 한국을 오며가다 이제는 네덜란드라는 '집'에서 5년째 살고 있는 20대 후반 곧 서른 직장인. 이방인으로서 누군가에게 위로와 공감이 되길 바라며 경험을 바탕으로 글을 쓰고 있다.

어머니의 죽음과 새로운 시작

| **김현환** 전주대 교수

직장 생활할 때, 아침에 사무실 컴퓨터를 켜면 '새로운 시작'이라는 문구가 늘 모니터에 떴다. 그것을 보며, 아, 오늘도 하루가 시작되는구나, 그래, 새롭게 시작해 보자, 마음을 가다듬곤 했다. 오늘 아침이 새로운 시작이라면 그것은 어젯밤에, 엄밀히는 내가 컴퓨터를 켜기 전 시점까지로 해서 뭔가 끝났다는 의미이다. 이전과 결별해야 새로운 시작이 된다. 그렇다. 새로운 시작은 과거와의 결별을 의미한다.

역으로, 사람들은 새롭게 시작하고 싶어서 의도적으로 과거와 결별하기도 한다. 그럴 때는 각오를 다지는 구체적 퍼포먼스가 수반되는 경우가 많다. 나 자신도 두어 번 머리를 박박 밀어 본 적이 있고, 좀 더 큰 사건으로는 어렸을 때부터의 내 사진들을 다 모아 태워 버린 일도 있다. 스무 살 때였는데, 진정으로 과거의 자신과 결별하고 새롭게 거듭 태어나겠다는 나름 심각한 의식이었다. 심지어 갖고 있던 학교 졸업앨범에서도 내 사진을 오려내었다.

지금 생각하면 피식 웃음부터 나오지만, 차츰 알게 되는 인생사 하나하나에 한없이 진지했던 그때의 내가 애잔하기도 하다. 삭발해도 머리는 새로 자라났고, 사진이 없어진다고 기억이 사라지는 것은 아니었다. 나중에 어머니가 가족 사진첩에서 내 사진 몇 장을 찾아내 집사람에게 나 몰래 살짝 전해주셔서, 어린 시절 사진도 몽땅 다 없어지지는 않았다. 그러니, 과거를 완전히 끊고, 새롭게 시작하는 것이 가능할까.

퇴직과 어머니의 죽음

퇴직은 커다란 결별이었다. 28년간 다녔던 직장을 지난봄에 그만두었는데, 정들었던 직장, 동료들과의 이별은 내 인생의 큰 사건이었다. 퇴직자가 겪는 심리적 혼란은 결코 만만하지 않았다. 어느 시인의 표현처럼 '노를 젓다가 노를 놓으니 비로소 넓은 물'을 보게 되었으나, 그 후련함은 이내 곧 허전함과 막막함으로 바뀌었다.

9월 들어 대학 강의를 나가게 되면서 겨우 새로운 일상에 적응해 가던 즈음, 갑자기 어머니가 돌아가셨다. 아버지는 이미 돌아가셨으니 고아가 된 셈이다. 내일모레 환갑인 나이인데도, 어머니마저 돌아가시고 나니 정말로, 넓은 세상에 우리 4남매만 휑하니 남겨진 느낌이 들었다. 가장 슬픈 결별, 나는 다시 혼란에 빠졌다.

오늘 엄마가 죽었다. 알베르 카뮈의 소설, 〈이방인〉의 첫 문장이다. 반항기 가득했던 사춘기 시절에 그 문구가 머리에 꽂혔다. 기존의 통념을 깨뜨리는 그 반항이 멋있어 보였고, 흉내 내고 싶었다. 우리 부모님은 선하고 성실하신 분들이셨다. 그런데 그분들께 내가 왜 그랬을까, 잘 모르겠다. 하지만 아버지에게는 반항하고 집 나간 날도 엄마한테는 죄송하다고 전화했었다.

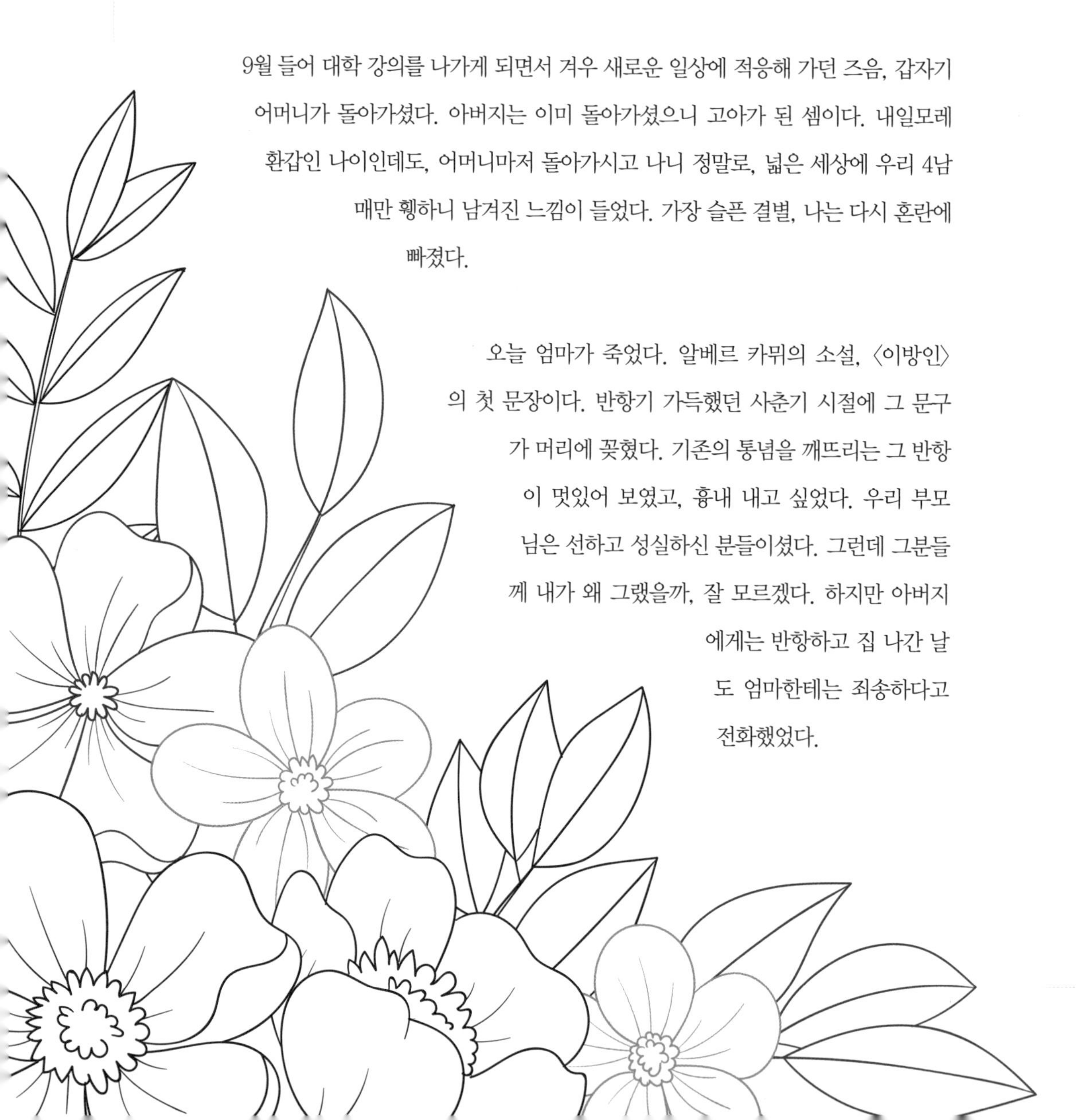

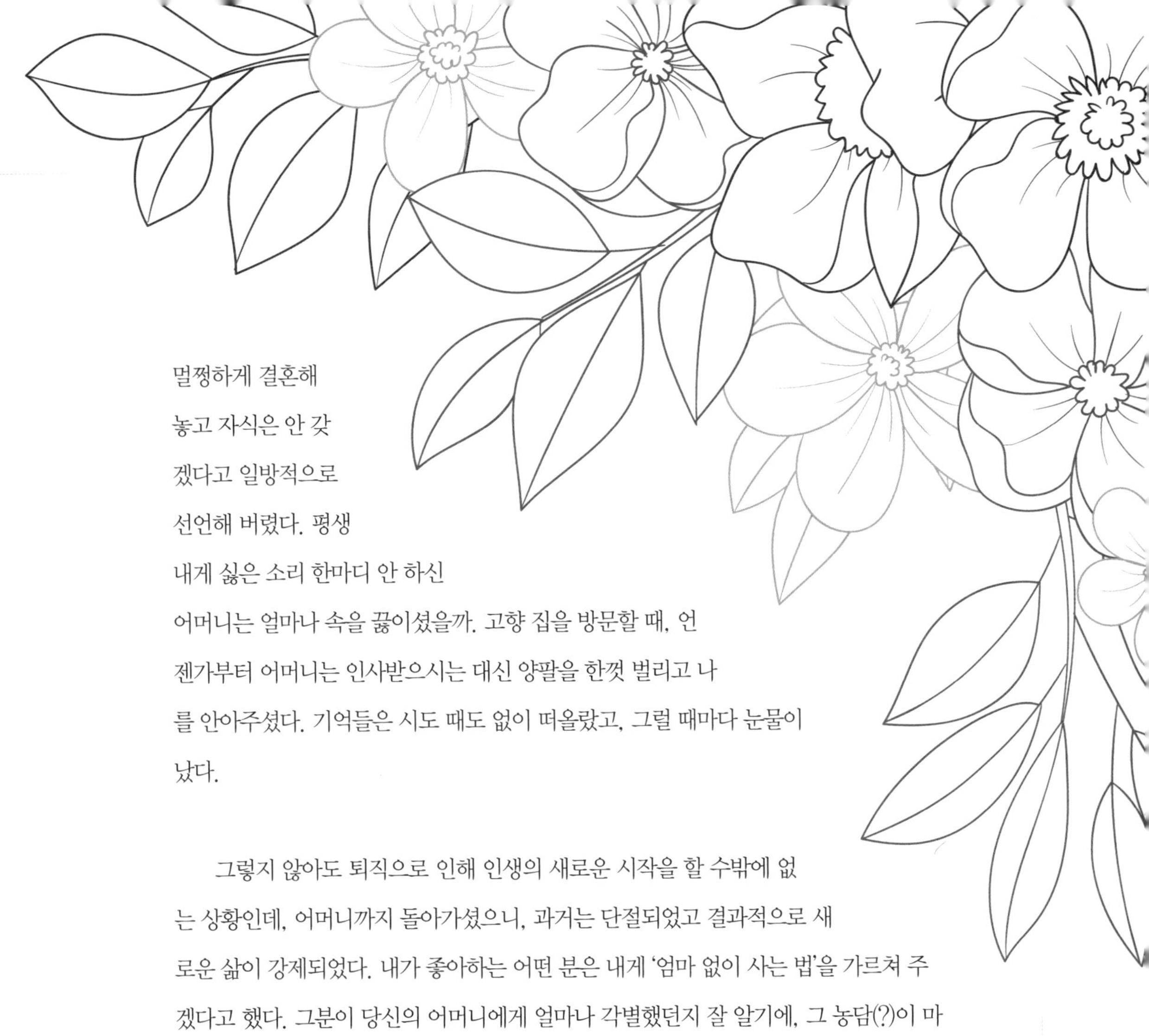

멀쩡하게 결혼해
놓고 자식은 안 갖
겠다고 일방적으로
선언해 버렸다. 평생
내게 싫은 소리 한마디 안 하신
어머니는 얼마나 속을 끓이셨을까. 고향 집을 방문할 때, 언
젠가부터 어머니는 인사받으시는 대신 양팔을 한껏 벌리고 나
를 안아주셨다. 기억들은 시도 때도 없이 떠올랐고, 그럴 때마다 눈물이
났다.

그렇지 않아도 퇴직으로 인해 인생의 새로운 시작을 할 수밖에 없는 상황인데, 어머니까지 돌아가셨으니, 과거는 단절되었고 결과적으로 새로운 삶이 강제되었다. 내가 좋아하는 어떤 분은 내게 '엄마 없이 사는 법'을 가르쳐 주겠다고 했다. 그분이 당신의 어머니에게 얼마나 각별했던지 잘 알기에, 그 농담(?)이 마음 깊이 고마웠다. 그런데 그런 비결이 있기는 한 걸까. 다음에 뵐 때 꼭 물어봐야겠다.

결별 뒤에 남는 것, 기억 그리고 환생

어머니 장례식장에서 깨달은 게 있다. 친척들과 지인들이 어머니에 관한 에피소드들을 말하는데, 믿기 어려운 것들이 많았다. 그 이야기들 속에는 발랄한 젊은 새댁도 있고, 동네 아주머니들 모임을 카리스마 있게 주도하는 리더의 모습도 있었다. 내 머릿속에는 저장되어 있지 않은 모습들. 정말로 우리 엄마가 그러셨단 말이야? 의아했지만 그들이 거짓말을 할 리는 없었다. 그때 깨달았다. 나는 우리 집에서 우리 엄마로서의 모습만 본 거여서 '인간 張ㅇ順'을 온전히 알지는 못한다는 것을.

사람들은 각자의 경험으로 타인을 기억하고 평가한다. 그 기억을 다 모아야 그 사람의 실체에 가까워질 것이다. 그러고 보니 내 뒷모습이나 내 목소리, 걸음걸이도 나보다 남들이 더 정확히 안다고 하는 것이 옳다. 나의 삶에 대한 평가마저도 그럴 것 같다. 문득 아티스트 권오상의 '사진 조각'이 생각났다. 다른 각도에서 찍은 수백 장 사진을 입체적으로 붙여서 다시 그 형상을 재현하는 작품인데, 모르긴 해도 작가의 의도에 그런 해석도 가능하지 않나 싶다.

어머니 시신은 화장해서 손바닥만 한 묘비석 아래 묻었다.(그것을 '평장 묘'라고 했다) 아버지와 어머니를 가까운 거리에 모시려고, 아버지의 묘를 열어 유골을 화장해서 어머니 쪽으로 이장移葬했다. 대화도 거의 없이 조용히 이장을 마무리하고 있는데, 어디선가 나비가 한 마리 날아와 아버지 묘비석에 살며시 앉았다. 형제들이 약속이나 한 듯이 동시에 '엄마가 오신 건가'라고 말했다. 나비는 묘비석 위에 한동안 앉았다가, 갈 때도 아쉬운 듯 그 위를 몇 바퀴 돌고 떠났다. 기분이 묘했다.

예전에 내가 어머니 핸드폰을 만지다가 배경 화면에 이상한 사진이 있는 것을 발견했다. 아파트 베란다 방충망에 붙은 매미 사진이었다. 화질이 몹시 안 좋아서 내가 지우고 다른 사진으로 바꿔드리겠다고 하자, 어머니가 뛰어오면서 말리셨다. 20년 전 아버지가 돌아가신

이듬해 기일에 그 매미가 방충망에 붙어있었다 한다. 어머니는 그 매미가 아버지라고 말씀하셨다. 돌아가실 때까지 어머니의 핸드폰 바탕화면은 그 매미였다.

그렇다. 결별 뒤에는 기억이 남고, 그 결별을 이겨내는 방법은 남겨진 사람들이 찾는 것이다. 염원이 간절한 자에게는 죽은 사람도 살아난다. 응축된 기억에 생명을 불어넣으면 눈에도 보이고 말도 건넬 수 있다. 강형철 시인의 '환생' 시집을 꺼내서 다시 읽었다. 시 구절 곳곳에서 돌아가신 어머니가 나온다. 아, 이분의 시를 인제야 알겠다. 환생, 맞네.

어머니의 유언 = 새로운 화두

어머니는 말기 암이었다. 자식들에게 폐가 될까 봐 웬만해서는 아프다고 말씀 안 하는 분이시라, 고통으로 사흘 밤을 못 주무신 후에야 연락하셨고, 그래서 딱 2주일 입원하시고 돌아가셨다. 병원에 계신 동안 주로 누나가 간호를 맡았지만, 3형제도 돌아가면서 이별 의식을 겸한 병간호를 했다.

막내인 나도 1박 2일간 어머니를 간호하며, 의식이 돌아오실 때마다 이런저런 이야기를 나누었다. 마음 편하게 해드리려고 일부러 장난기를 섞어서 말을 걸었다. 우리 4남매도 이삼십 년쯤 후면 다 엄마 따라갈 테니 쪼~끔만 기다리시라고도 말씀드렸고, 먼저 가셔서 울 엄마 외롭게 만드신 아버지 흉도 같이 봤다. 평소 깔끔하신 성격상 아들인 내가 기저귀 갈아 드리는 것은 도저히 못 견디실 줄 알았는데, 한번 설득에 순순히 따르셔서 놀랐다. 눈길을 최대한 피하고 애써 태연한 척하며 옷을 갈아입혀 드렸지만, 그날 본 엄마의 몸은 아직도 한없이 서글프다.

다음 날, 작은 형에게 인계하고 어머니에게 다시 오겠다고 말씀드리는데, 본능적으로 마지막이라고 느끼셨는지 어머니가 슬프게 우셨다. 나도 눈물이 쏟아져 차마 마주하지 못하고 도망치듯 돌아서서 나오는데, 내 뒤통수에 대고 어머니가 부르짖듯 한 마디를 외치셨다. "잘 살아라~~!!!" 쇳조각처럼 날라와 꽂혀 지금도 귓가에 생생한 그 말은 내게 주신 어머니의 유언이 되었다.

인생은 흔히 연극에 비유된다. 내 인생의 제1막은 소년기와 청년기, 2막은 공무원이었던 직장생활 시절, 그리고 지금 이후의 삶이 3막으로 될 것 같다. 지금까지 살면서 '어떻게 살 것인가'를 늘 자문했고, 시기마다 스스로 정한 방향은 내 삶의 화두話頭가 되었다. 내면적 성장을 갈망하던 청년 시절의 화두는 '성장하는 삶'이었고, 공무원 시절의 화두는 '개선'이었다. 지금 내 인생 3막을 시작하면서 잡은 화두는 어머니의 그 말씀, '잘 살아라'이다. 나비로 환생하신 어머니가 나의 새로운 시작을 지켜봐 주실 듯하다.

김현환

현재 전주대 교수로 일하며 인재를 양성하고 있다. 문화체육관광부 제1차관을 지냈으며, 주로 관광 분야에서 보직을 맡아왔다. 문체부 국장과 기획조정실장을 역임했다.

내게 하는 욕이 아니라도

| **장선우** 고려대 사전학센터 연구교수

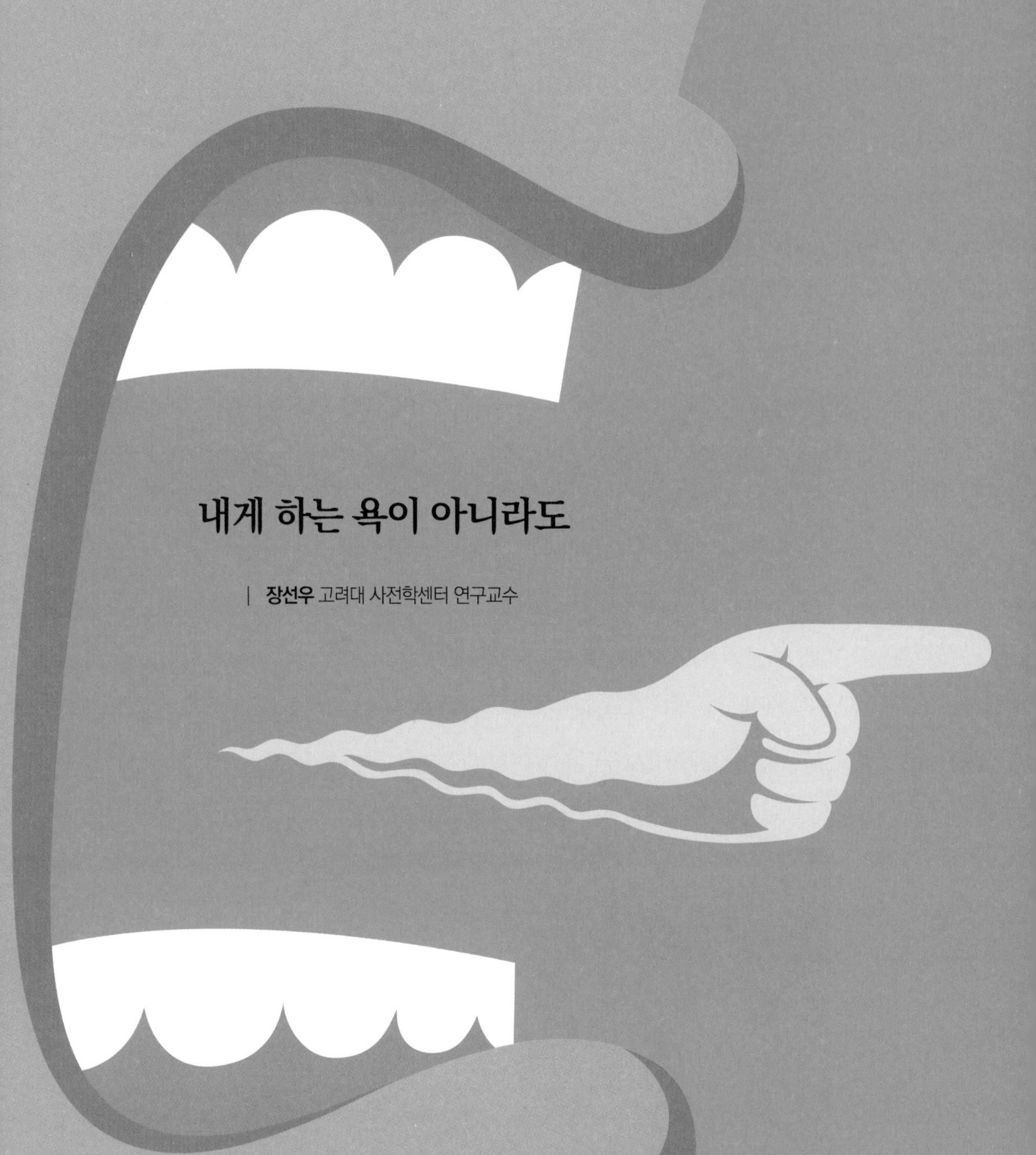

정말 오랜만에 대학 친구들을 만났다. 그동안 학부모가 된 친구, 사장님이 된 친구, 월급쟁이 친구, 다들 사는 형편은 달라도 우리는 엊그제 만난 것처럼 수다를 떨고 있다. 그런데 아까부터 귀에 거슬리는 소리가 들린다. 회사에서도 짬밥이 굵어 팀장을 달고 있는 녀석인데 말끝마다 욕을 붙인다. 한번 신경 쓰이기 시작하니 대화에 집중이 안 되고 뭔가 없던 편두통도 생기는 느낌이다.

우리가 자리한 음식점에는 우리만 있는 게 아니라 어린아이를 데리고 온 가족 단위 손님들도 있었다. 테이블이 그렇게 가까이 있는 건 아니지만 그래도 옆 테이블 소리는 어느 정도 들리는 거리에 있었다. 아이가 밥 먹는 데 집중하지 않고 핸드폰만 보고 있으니 잔소리하는 엄마 목소리도 들리고, 그 옆에서 연세 지긋한 어르신이 손주를 살살 달래며 한 숟갈이라도 먹자며 타이르는 목소리도 들리는 그런 거리였다.

우리 테이블도 조금씩 분위기가 무르익고 있었다. 조금 전 말끝마다 욕지거리하던 친구가 조금은 흥분한 듯, 다소 큰 목소리로 말을 하기 시작했다. 우리 중 한 명에게 욕을 하는 건 아니었다. 그냥 회사에서 있던 일에 대해, 혹은 회사 동료 누군가에 대해 얘기를 하면서 중간중간 욕설을 섞어서 말하고 있었다.

간접흡연을 하는 것처럼 나도 몰래 얼굴이 찌푸려지며 문득 든 생각은 '옆 테이블에 어린아이랑 어르신도 다 들릴 텐데, 조금 민망하네. 이 친구는 왜 저렇게 욕을 섞어가며 얘기를 할까? 우리가 너무 편한 사이라서 그런가? 남들이 듣고 불편하지는 않을까?'였다.

공감하지만 공감할 수 없단다

욕을 섞어가며 말하는 사람들의 경향이 있다. 화가 나거나 짜증 날 때, 힘을 과시하고 싶을 때, 무시당하기 싫을 때 욕을 한다. 유독 친구들과 대화할 때 욕을 섞는 이 친구는 약간 반항적으로 보였다. 이 친구의 마음을 좀 더 자세히 들여다보면 대개 적개심, 분노와 더불어 불안과 두려움이 복합적으로 포함되어 있다.

'나는 이러한 일에 대해 고분고분하게 당하지 않겠다.'
'부조리로부터 나를 지키며, 불안감을 해소하겠다.'
'분하고 화가 나면서도 일이 잘못될까 불안하고 두렵다.'
'반항적인 태도로 만만하지 않다는 모습을 보여야겠다.'
'평가받는 자리에서 손해 보지 않으며 자존심은 지켜야겠다.'

무언가에 대한 적개심, 불안에 대해 자기방어를 하는 수단으로 욕을 쓰는 것으로 보인다. 흔히들 말하는 갈등과 불안을 감소시키는 정신적 조작 활동이다. 저 친구가 회사에서 겪는 어려움을 이해 못 하는 것은 아니다. 아니, 나도 직장 생활하는 사람인데 오히려 충분히 이해하고도 남는다. 그렇지만 회사에서 겪는 상황은 공감하더라도 욕설까지 해대는 것은 공감이 잘 안된다.

혹시 우리 중에 나만 이렇게 불편할까? 함께 대화를 나누고 있는 다른 친구들의 마음은 어떨까? 직접 물어보지는 못했지만 아마도 속으로는 이리 생각하지 않을까?

‘참 사람 안 바뀌네.’
‘얘가 요새 힘든가. 욕이 더 늘었어.’
‘저 친구의 상황이 공감은 가지만 거칠게 말하니 피곤하네.’
‘듣기 좋은 노래도 자꾸 들으면 싫은데, 좀 자제해 주면 좋겠어.’
‘덩달아 기분이 나빠.’
‘내가 그런 것도 아닌데 욕까지 먹어야 하나.’
‘옆 테이블에 다 들리는 데 좀 작게 말하면 안 될까?’

욕이 갖는 속뜻이 나쁘다는 것을 모르는 사람은 거의 없다. 욕설이 섞인 말을 들어도 괜찮다는 친구들도 있는데 나는 왜 유독 욕설에 이리 민감한가? 분명 저 친구도 욕의 속뜻은 다 알 것이다. 그러나 이 친구가 모르는 게 있다. 욕은 직접적이든 간접적이든 누구한테나 가학적이다. 괜찮다고 말하는 친구들도 이런 부정적인 언사에 노출이 되면 무의식중에 안 좋은 영향을 받게 된다. 오랜만에 어렵사리 약속을 잡고 기분 좋게 밥 먹으러 나왔다가 욕설 폭탄을 맞는 상황이 된 것이다. 그야말로 봉변이다. 저 친구는 욕을 하면서 본인의 스트레스를 듣는 사람 모두에게 퍼붓는 중이다. 물론 오랜 시간 알고 지낸 막역한 사이에 불만을 토로할 수 있고, 친구들끼리 격식을 지킬 필요도 없다.

아마도 좋은 분위기에 초를 치게 될 수도 있겠지만, 욕은 좀 자제해 달라고 용기를 내 볼까? 저 친구는 억울할 수도 있다. 간만에 편한 친구들 만나 스트레스 좀 풀려고 했더니, 공감은 안 해주고 도리어 잔소리 아닌 잔소리를 듣게 되는 상황이라 기분이 상할 수도 있다. 분위기가 갑자기 싸해져서 머쓱해진 친구가 도리어 화를 내며 자리를 박차고 일어나거나, 시비가 붙을 수도 있을 것이다. 상상만으로도 진저리가 쳐지는 상황이다.

이런 갈등을 머릿속으로 하는 와중에도 나는 여전히 욕이 섞여 있는 소리를 듣는 것이 불편하다. 저 친구의 다른 사람들을 배려 않는 태도에 대한 불편한 마음으로 밥을 먹게 되었다. 모처럼 나온 모임인데 위축된 마음으로 밥을 먹으니 더욱 기분이 나빠지고 말았다.

만남의 이유

사실 친구들끼리 모여서 수다 떠는 데에 어떤 목적이 있는 것은 아니다. 뭔가 진지하고 격식을 차려야 하는 자리는 아니다. 살면서 불합리한 일을 당하기도 하고, 내 존재가 부정당하는 황당한 일도 겪고, 억울하기도 한 여러 일들로 인해 울화가 치밀 때, 우리는 나 자신을 잘 아는 사람을 떠올리고 그 사람에게 주절주절 하소연하게 된다. 문제 해결을 바라는 것은 아니다. 그냥 그저 내가 이런 기분임을 맞장구쳐 주기만 해도 동지를 얻은 기분이다. 마음의 응어리는 어느 정도 풀어지게 된다. 또 그렇게 위로하며 위안을 받으며 힘을 내어 내일을 맞이하게 된다.

거기에 더해 긍정적인 말로, 격하게 고개 끄덕이며 공감해 주는 친구라면 더욱 위로되고 힘이 날 것이다. 이러한 긍정적인 말을 하는 사람과의 대화를 통해 합리적으로 생각하려고 노력하게 되고, 자존감도 회복될 것이다. 상했던 마음이 치유되는 것이 느껴진다. 나 스스로 그 당시 처했던 상황을 객관적으로 바라볼 수 있는 시간이 될 것이다. 그런데 가벼운 마음으로 나갔던 모임에서, 남들이 뭐라 하든 말든 내 알 바인가라는 태도로 욕설 섞인 말만 늘어놓는 사람과 어떤 시너지를 만들 수 있을까?

거친 욕설이 섞인 말을 들었을 때, 개중에는 듣는 사람도 이미 익숙해져서 그냥 그러려니 할 때도 있다. 하지만 확실한 건 불쾌감을 더하게 되는 관계는 개인적으로는 더 이상 유지되지 않을 가능성이 높다.

욕을 즐기는 친구와의 관계 설정은 내 반응에서 비롯된다. 이 관계가 악화될 것인가, 지금까지와 같이 스스럼없는 사이로 유지될 것인가를 결정하는 것은 상대가 아닌 나 자신에게 있다. 친한 친구끼리 하루 이틀 본 사이도 아니고 새삼스레 친구를 비난하기도 애매하다. 하지만 나는 저 친구가 남들은 배려하지 않고 큰소리로 욕을 내뱉는 이 상황이 불편하다. 상대가 침착하지 못하게 생각 없이 함부로 말한다는 느낌을 받는다. 견디기 어렵다. 나한테 하는 말이 아니어도 이런 말을 강제로 듣게 되는 건 당황스럽다. 상대한테 직접적으로 하지 않는 욕이라 할지라도 욕은 욕이다. 이제 내가 먼저 연락할 친구와 그냥 여러 명 중에 끼어서 만나는 친구를 나누게 된다.

어느 날부터인가 알게 모르게 친구로부터 연락이 뜸해지는 느낌이 든다면 냉정하게 생각해 볼 필요가 있다. 부정적인 의미를 지닌 욕을 즐기며 마이웨이를 걷다가 자신도 모르게 손절을 당하는 사람이 될지는 본인의 몫이다.

장선우

고려대 사전학센터 연구교수이다. 덕성여대 중어중문학과를 졸업하고 북경사범대에서 석사 학위를, 북경대에서 박사 학위를 받았다. 유학하는 동안 중국인에게 한국어를 가르쳤는데, 한국어를 얼마 배우지 않은 학생들이 비속어를 알고 있는 것에 놀랐던 기억이 생생하다. 사춘기 아들과 대화하다 보면 낯선 외국인을 마주하는 듯한 착각이 종종 들었던 탓에 내 아이의 언어부터 이해하기 위해 노력하고 있다.

낯설게 거리두기

| **엄주엽** 출판평론가

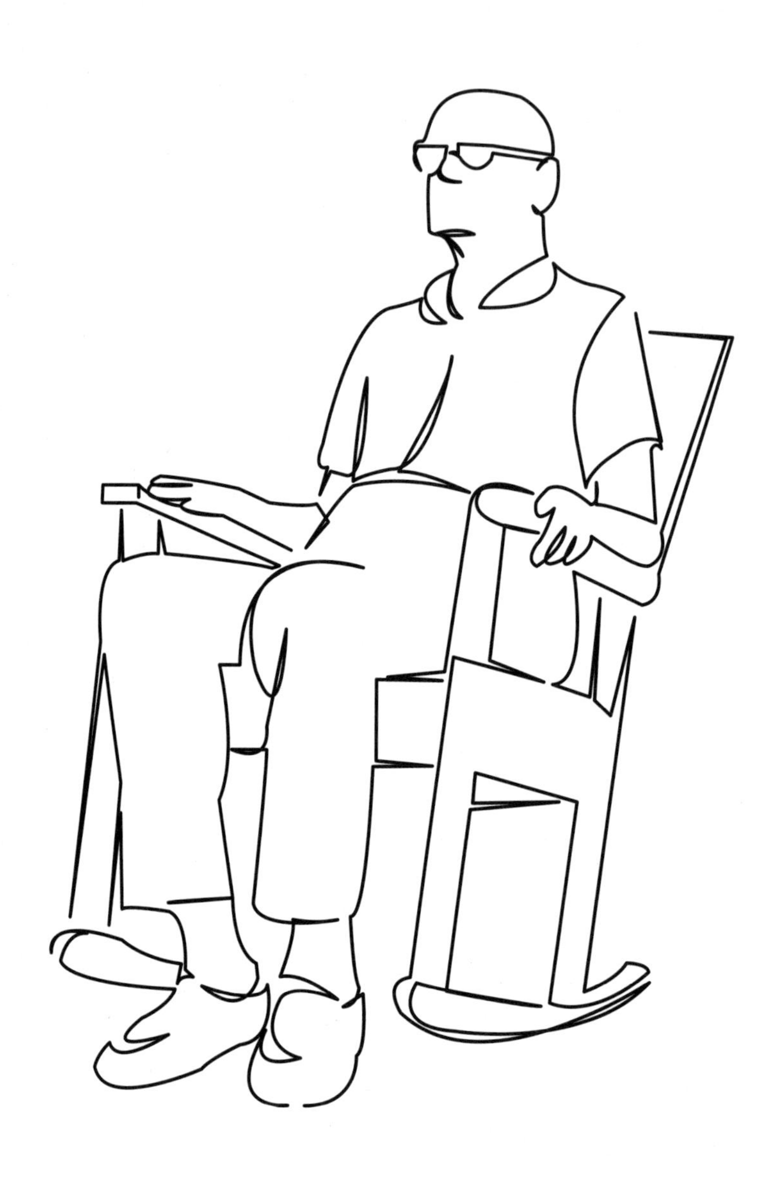

코로나19가 번지고 사회적 거리두기가 시작될 즈음에 서울의 직장을 조금 일찍 그만두고 강원도 홍천의 농촌으로 터전을 옮겼다. 준비된 귀농과는 거리가 멀고, 별다른 '농촌 로망'이 있지도 않았다. 그저 지쳐 있었다. 직장 책상을 정리할 때 수북이 나온 건강보조제를 보고 "내가 지쳐 있었구나."라고 알았다는 편이 맞다. 도시 직장인들이 비슷하지 않을까. 밖으로만 안테나를 세우느라 자신을 대상화하는 능력이 퇴화했다.

이전에 홍천에 마련해 둔 땅과 집이 있어 툭 털고 올 수 있었으니 '배부른' 경우다. 귀농이라 하기에 낯이 간지럽고 귀농과 귀촌의 중간쯤이다. 내려와 어영부영하다가 그해 가을, 울산까지 찾아가 안락사를 일주일 앞둔 유기견을 입양한 게, 글쎄, 여기서 끝내 살자고 내 깊은 데서 굳힌 때인 듯하다.

면사무소에서 차로 5분 거리, 좁은 계곡을 따라 논밭과 마을회관이 있는 아래쪽에 여기가 고향인 토박이들이 거주한다. 나는 이들 사이에 있고 청년에 속한다. 계곡 위쪽으로 도시에서 은퇴하고 귀촌한 이들이 주로 자리 잡았다. 보아하니, 토박이들과 귀촌한 이들 사이에 거리도 있지만 서로 데면데면한 분위기다.

귀농했다가 정착하지 못하고 돌아온 한 직장 선배가 서울을 떠나는 나에게 의심스러운 미소를 띠고 "얼마나 버티나 보자."라고 하며 해준 말이 있다. "너무 가깝게 지내지 말아라. 불가근불가원이 편해." 원주민과 거리두기 하란 얘기다.

다른 지인은 귀농을 염두에 두고 강원도 쪽에 농막과 텃밭을 일궈 주말마다 다녔는데, 터를 마련할 때 도움을 준 토박이가 갈 때마다 찾아와 부부의 오붓한 시간을 방해해 애를 먹다 결국 불편한 관계로 변해버렸다. 그도 비슷한 조언을 해줬다.

거리두기라는 게 피차일반

사방이 벽으로 막힌 서울 아파트 주거환경의 타성대로, 처음에는 이웃과 관계에 그다지 신경 쓰지 않았다. 실제 쉽진 않았다. 예를 들어, 내 집과 밭이 훤히 내려 보이는 윗집에 띠동갑 '형님'그렇게 부르라고 했다이 산다. 일흔 남짓으로 지금도 농사만큼은 '달인'이다.

이분 부부가 종종 면이나 읍에 볼일이 있을 때 내 차로 모셔다드렸고 농사일에 조언과 도움을 받았다. 친밀해진 다음, 내가 밭에서 일할라치면 휴대전화가 울린다. 이리 해라, 저리 해라, 시키는 대로 하지 않으면 버럭 목소리까지 높인다. 호기심도 많다. 외출했다 오면 어디 갔다 왔느냐고 전화하고, 불쑥 집으로 들이닥친다. 나를 감시하는 CCTV가 생긴 셈이다.

가옥들 사이가 서울에 비해 널찍하게 여유를 두고 있어도 툭 터져 있으니 어떻게 농사를 짓고 무얼 하는지 다 보인다. 이웃들이 오가며 한마디씩 던지곤 한다. 밭에서 고추를 따던 엊그제도 앞쪽 어른이 지나가며 한마디 한다. "소꿉장난하는가? 잡초나 베어~. 우리 밭으로 넘어오게 생겼어." 친밀성의 표현도 익명성이 확실한 도시에 익숙해선지 거북하게 와 닿는다. 제때 손보지 못해 잡초가 무성하면 나무라는 시선이 느껴지고, 남들 농사일할 때 혼자 반려견을 산책시키기도 눈치가 보인다. 지인들의 거리두기를 하란 충고가 이런 경우에 속할지 모르겠다.

거리두기라는 게 피차일반 아닌가. 원주민들의 나에 대한 거리두기를 먼저 경험했다. 이곳에 오자마자 보일러가 터져 급한 김에 마을회관을 찾아가 수리할 만한 사람을 수소문했는데 나를 보는 표정이 '소 닭 보듯' 했다. 하긴 내려와서 인사도 제대로 나누지 못하고 있었다. 한 번은 덤프트럭과 포클레인을 불러 주변 공사를 했는데, 토박이 청년청년이래야 내 또래다 몇이 동네에 말도 없이 큰 공사를 한다며 막아선 적도 있다.

좀 험악한 사태도 있었다. 한밤중에 웬 사내가 신발도 벗지 않고 집으로 불쑥 들어와 탁자에 턱 앉더니 술을 내오라고 한다. 이미 고주망태다. “서울에서 내려온 치들…” 어쩌고 하는 거친 술주정을 했다. 이장에게 전화해 보니 알려진 술꾼이란다. 이장 왈, “그냥 술 한 잔 줘서 보내. 술만 안 먹으면 동네 허드렛일 다 하는 일꾼이여~.” ‘거리두기’가 느껴졌다.

도시와 농촌의 다른 공간이 새긴 습성

정부 발표 자료를 보면 2014~2018년 역逆 귀농 비율이 8.6%나 된다. 역 귀농 원인은 대개 농사가 힘들고 수지가 안 나오기 때문이지만, 학계 연구 조사를 보면 원주민과 갈등이 무시할 수 없는 수준이다. 원주민은 외지인이 분위기를 흐린다고 배척하고, 귀농 · 귀촌인들은 이를 텃세라 부르고 프라이버시 침해를 견디기 힘들다고 하소연한다.

당연한 얘기지만, 여태 살아온 공간이 몸에 새겨놓은 ‘습성’이 다르기 때문일 것이다. 공간은 사람과 관계를 바꾸는 ‘힘force’이 있다. 아파트로 상징되는 도시 주거 공간은 사람들을 익명성과 프라이버시에 익숙하고 그것의 침해에 대해 몹시 민감하게 만들었다. 그보다 훨씬 느슨한 농촌 공간에선 띠동갑 형님처럼 ‘불쑥’ 내 집으로 들어오는 걸 대수롭지 않게 여기고, 반면 자신들의 익숙한 혈연과 지연의 공간에 들어와 벽을 쌓는 이주민에게 이질감을 가지게 했다.

나부터 귀농 3년째 공간이 바뀌며 좀 변했다고 느낀다. 드물게 서울에 가 빌딩 숲 사이 끝없이 늘어선 출퇴근 차량을 보면 낯설고 가슴이 꽉 막힌다. 직장과 가정만을 오가게 갇힌

욕망의 흐름, 왜 모두가 직장에서 성공과 배타적으로 가족에만 '올인'하는지 실물로 와 닿는 듯하다. 내가 그중에 있었을 땐 왜 그 생각이 절실하지 않았을까. '와호장룡'의 높은 담벼락을 타고 넘는 경공輕功을 익히지 못한 다음에야 그 좁은 골목길을 기신기신 따라갈밖에. 귀농 3년 차에 나의 습성도 변해 익숙했던 서울의 30년을 낯설게 보는 건 아닐까.

귀농 · 귀촌에 관심이 높아서인지 요새 TV를 켜면 케이블 채널 어디에선가 '전원일기'가 나온다. 무려 40년 전에 시작해 20년 넘게 방영된 농촌 드라마 말이다. 또 도시에서 좌절한 젊은이들의 귀향을 소재로 한 영화 '리틀 포레스트'도 인기가 높았다. 압축 근대화 시기를 지나온 베이비붐 세대로서 '전원일기'를 지금 보면 좀 불편했다. 이 시기 농촌은 빈곤과 봉건성의 상징으로 해체되다시피 했지만, 한편으로 가부장적 공동체 윤리가 살아있는 신성한 공간인양 표상됐다. '전원일기'는 그런 요소를 골고루 갖춘, 도시인을 겨냥한 드라마다. 그 점에서 '리틀 포레스트'에서 도시에서 좌절한 젊은이 혜원, 재하, 은숙이 우정을 바탕으로 만들어가는 새로운 가족, 딸이 성장하자 가족의 틀을 벗어나 다른 삶의 궤적을 시도하는 혜원 엄마의 모습이 신선했다.

두서없이 드라마와 영화 얘기를 꺼낸 건 귀농 · 귀촌의 거리두기에 대해 돌아보게 해서다. 예전 신문들을 검색해 보니, '거리두기'라는 용어는 사회주의권 출신이라는 이유로 1988년에야 해금된 베르톨트 브레히트1898~1956의 연극이 뒤늦게 공연되면서 1990년대 중반부터 등장했다. 전문용어가 일상어로 된 사례 중 하나라고 본다. 브레히트의 '거리두기'는 '낯설게 하기'로도 번역됐다. 사물과 인식에 거리를 둬서 낯설게 해 익숙한 틀을 깨자는 의미다. 익숙해지면 쉽고 편하니, 더 의문을 제기하지 않는다. 사실 거기서 많은 문제가 생긴다.

거리두기에 거리 두기

팬데믹으로 일상어가 된 거리두기는 사람 사이에 실제 물리적으로 '간격을 두기', 더 나아가 '회피'의 의미까지 띠고 있다. 애초 뜻과는 사뭇 멀어졌다. 일상의 '거리두기'를 낯설게 브레히트의 애초 거리 두기로 적용해 보면 어떨까.

귀농 · 귀촌해서 기껏 도시의 익명성과 프라이버시에 집착해 원주민과 간격을 두고 새로운 관계를 회피한다면 무슨 소용인가. 깊게 스민 배타적 가족주의와 그 확장된 변종인 혈연, 지연, 학연의 중력장에서 벗어나는 흐름을 내지 않는다면 도시나 농촌이나 매한가지다. 베이비붐 세대라면 몸에 새겨진 이런 표상들에서 자유로운지, 스스로 거리를 두고 한번쯤 아주 낯설게 물어야 하지 않을까, 그런 생각이 든다.

공간이 사람을 가두지만 사람이 만드는 관계가 공간을 바꾸기도 한다. 띠동갑 형님에게는 가을 농사를 도움받고 있다. 무척 살가운 관계가 된 술꾼에게 곰취 재배를 지원받고 있다. 그는 산나물 전문가인데, 술에 취하지 않으면 그렇게 준수하고 반듯할 수가 없다.

이곳이 고향이지만 어려서부터 외지로 떠돌다 예순이 다 돼 혼자 귀향한 심마니를 만났는데, 따라다니며 산야초 공부를 한다. 달라진 공간에서 나에게 무슨 욕망이 올라오는지 지켜보고 있다.

도시에서 힘겨워 생계의 터전만 옮긴 다수 귀농인에게 거리 두기란 말 자체가 한가하고 배부른 얘기지만.

엄주엽

출판평론가로 문화일보 문화부장 등을 역임했다. 30년의 기자 생활을 마치고 지금은 강원도 홍천에서 농사를 지으며 출판과 문화와 관련한 글을 쓰고 있다.

인터뷰는 '관계'의 과정

| 김고은 인터뷰어

인터뷰는 다양한 곳에서 사용되지만, 그에 대한 교육을 받아볼 일은 많지 않다. 종종 의뢰받는 인터뷰 교육에서 참가자들은 손쉬운 방법론이 있다고 생각한다. 하지만, 마음을 쓰고 공들여야 한다는 이야기를 들으면 '아차!' 한다. 고려하지 못했던 부분들을 짚어주니 유용하다고 말하는 사람도 있다. 여태껏 강의를 듣는 사람들의 모습은 크게 다르지 않았는데 지난달에 진행했던 프로그램에서는 처음 보는 반응을 만났다.

어떤 참가자는 눈물을 삼켰고, 어떤 참가자는 참지 못하고 엉엉 울었다. 인터뷰 강의를 듣고 우는 참가자라니, 처음 보는 광경이었다. 앞에서는 티를 내지 않았지만, 나는 적잖이 당황했다. 강의에서는 인터뷰하며 가져야 하는 마음가짐과 주의할 점, 그리고 인터뷰 중에 발생할 수 있는 문제를 예방-해결하기 위한 실용적인 방법을 소개했다. 프로그램 어디에도 서정적이거나 감동적인 부분이 전혀 없었기 때문에 더 놀랐는지도 모른다.

물론 참가자들은 내가 했던 어떤 말과 구절이 와닿기 때문에 북받쳤다고 말해줬지만, 내가 그 말을 제대로 알아들은 건 마지막 시간이 되어서였다. 한 참가자가 말했다. "인터뷰가 관계 그 자체구나 싶어요. 덕분에 관계에 대해 생각을 많이 해보게 되었습니다." 무릎을 '탁' 쳤다. 그의 말이 맞았다. 인터뷰이와 인터뷰어가 마주앉아 대화하는 순간은 아주 일부에 지나지 않는다. 인터뷰이에게 어떻게 인터뷰를 할까 고민하는 것부터가 인터뷰의 시작이다. 메일을 보내는 게 좋을지 문자를 남기는 게 좋을지, 편지를 쓰는 게 좋을지 기획안을 첨부하는 게 좋을지, 어떤 마음을 어떤 방식으로 전달하는 게 좋을지부터 따져봐야 한다.

그 뒤로 이어지는 약속 잡기와 자료 조사하기, 인터뷰하기와 글을 쓰고 피드백 받는 시간 모두 얇은 얼음을 밟듯이 진행될 필요가 있다. 이토록 조심하는 이유는 인터뷰가 전 과정에 걸쳐 한 사람과 한 사람이 만나서 서로의 세계를 공유하는 작업이기 때문이다. 인터뷰이에게는 자신의 세계를 낯선 누군가에게 조건 없이 내어주는 일이고, 인터뷰어에게는 누군가의 세계를 재거나 따지지 않고 받아들이는 일이다. 온전히 내어주거나 받고, 온전히 받아들여지거나 받아들이는 작업은 관계를 끝까지 밀어붙이는 것과 같다.

위험한 듣기와 말하기

깊은 관계를 맺은 인터뷰는 깊은 인터뷰이와 인터뷰어 모두에게 진한 흔적을 남긴다. 일 년에 걸쳐 인터뷰했던 인터뷰이 A와의 일화는 강의할 때마다 빼먹지 않고 소개하고 있다. A는 지역 공동체의 명암을 다 만난 사람이었다. 이웃과 맺어진 연결된 감각은 도시에서 나고 자란 A에게 강한 안정감을 주었지만, 지역 내에서 발생했던 성폭행 문제로 사람들이 어긋나는 과정을 보며 큰 타격을 받았다. 함께 일하고 밥을 먹으며 서로를 지탱해 주던 이들이 가해자와 2차 가해자가 된 것을 보고 충격받지 않을 사람이 있을까.

그러나 이 같은 사실은 A를 인터뷰한 지 1년이 다 되었을 때 알게 된 것이었다. 처음 A를 인터뷰했던 날, 나는 인터뷰가 망했다고 생각했다. 인터뷰이는 얼어 있었고, 나의 질문은 그에게 가닿지 못했다. 잔뜩 긴장한 우리 두 사람은 두 시간이 넘는 인터뷰를 마쳤을 때, 서로의 풀린 눈을 보고 이 인터뷰가 쉽지 않은 시간이었음을 짐작할 수 있었다. 그 뒤로 나는 그를 만나러 몇 번 더 지역을 방문했고, A는 내게 자신의 세계를 보여줄 수 있겠다는 판단이 섰을 때 조금 더 자세한 이야기를 들려줬다.

삶의 의지를 잃고 무기력하게 몇 년을 보냈던 A, 그리고 무너진 공동체의 신뢰를 회복하기 위해 함께 노력하던 A와 친구들의 이야기를 글로 쓰면서 엉엉 울었다. 공동체의 신뢰가 파괴되었을 때 한 사람의 삶이 붕괴되는 모습이 보여서 울었다. 서로 밥을 챙겨 먹이고, 이야기를 들어주고, 새로운 공동체 룰을 만들었던 지난한 과정이 A를 살려냈다는 걸 느낄 수 있어서 또 울었다. 다 쓴 글을 보내며 피드백을 부탁하자 A는 상담 선생님 이후로 자신의 마음을 이렇게 잘 알아주는 사람은 처음이라며, 자신도 미처 알지 못했던 마음을 알아줘서 고맙다는 말과 함께 글을 읽으며 눈물지었다는 이야기를 전했다.

이 일화를 인터뷰 강의에서 소개하는 건 이런 인터뷰를 해야 한다고 권하기 위함이 아니다. 물론 이 경험은 내가 인터뷰로 해낼 수 있으리라고 상상했던 모습 그 이상의 멋진 작업이었다. 서로를 믿고, 말하고 들으며 그 어떤 사이보다도 더 농밀한 관계가 만들어졌다. 그러나 농밀한 말하기와 듣기는 동시에 파괴의 위험성도 지니고 있다. 인터뷰이의 이야기를 듣고 쓰고 운다는 것은 나의 세계에 강한 충격이 가해졌다는 의미다. 인터뷰이가 인터뷰어의 글을 읽고 운다는 것도 마찬가지다.

인터뷰는 인터뷰이와 인터뷰어 모두에게 멋진 환대의 시간이 될 수도 있지만, 위험하고 서로를 상처입히는 시간이 될 수도 있다. 누군가 나의 세계를 조심스럽게 노크한 뒤, 그 세계를 제대로 받아들이지 않고 도리어 난도질하려 든다면 어떨까. 내가 방어벽을 최대한 내린 뒤에 맞이한 누군가의 세계가 나에게 타격을 입히고 트라우마를 건드린다면 어떨까. 인터뷰도, 관계도 서로에게 위험하고 조심스러운 일인 건 그 때문이다.

위험한 관계

인터뷰가 관계라는 말 덕분에 참가자들의 마음을 조금 더 헤아려볼 수 있었지만, 그들이 운 이유를 완전히 납득시켜 주지는 않았다. 모든 참가자가 내 강의를 듣고 울지는 않았기 때문이다. 아무래도 울었던 이들의 특이성까지 함께 생각해 볼 필요가 있었다. 해당 강의는 경기도의 고립 청년을 지원하는 '존재클럽'에서 열렸던 것으로, 참가자들은 모두 고립 청년이었다.

고립 청년이 사회적 문제로 대두되고 있지만, 그들이 사회적으로 호명되는 방식은 그다지 긍정적이지 못하다. 각종 기관 및 연구처에서 고립 청년의 규모를 파악하는 동시에 경제

©perspicacious_esthete

적 손실을 측정하고 있다. 가령 지난 2023년 12월 보건복지부는 54만 명의 고립 청년으로 인해 연간 7조 원의 경제손실이 발생하고 있다고 발표했다. 이때 고립 청년은 '고립'이라는 단어와 '손실'이라는 단어로 포착되는 존재인 셈이다.

하지만 누군가 고립 청년이라고 이름을 부여하는 것과, 스스로 고립 청년이라고 호명하는 것은 전혀 다른 일이다. 고립은 시대적인 문제다. 경제적인 지표로 사람과 관계를 재단하고, 공동체가 끊임없이 파괴되고, 영성이 도외시되는 시대이니 고립되지 않는 것이 더 이상할 지경이다. 내 강의에 왔던 청년들은 일상에서부터 고립되기 쉬운 이 시대의 문제를 깨닫고, 삶의 의제로 삼은 이들인 셈이다.

그들이 가진 능력은 인터뷰 강의에서 여실히 확인할 수 있었다. 고립의 경험이 있는 참가자들은 관계에 어떤 위험이 도사리고 있는지를 알고 있었기 때문에 '인터뷰 강의'를 '관계 강의'로 들었다. 울 만큼 강렬하게 강의를 만난 것은 그들이 관계의 중요성을 깊이 느끼고 있기 때문이기도 하고, 세계와 맺는 관계를 잘 가꿔나가고 싶기도 하기 때문이었다. 관계가 얼마나 위험할 수 있는지 몰라서 아무 데서나 칼을 휘두르고, 세계와 관계를 잘 맺어보고 싶다는 생각조차 없어 의도치 않게 누군가에게 상해를 입히는 어떤 사람들과 다르다.

사회에서 고립된 이들에게 누가 도태되었다는 이름표를 붙이려고 하는가? 진짜 도태된 이들은 고립감을 전혀 느껴본 적이 없는 사람들일지도 모른다. 서로의 세계를 내어주고 받아들이는 관계의 아름다움과 위험성을 모두 아는 사람들이 여기 있다. 경제를 위험하게 하는 청년들이 아니라 단절된 사회를 살리려고 하는 청년들이 여기에 있다.

김고은

인터뷰어로 인문학공동체 〈문탁네트워크〉에서 11년째 공부 중이다. 공동체에서 동양고전을 공부하며 일상에서 사람들에게 배운다는 게 뭔지 알게 됐다. 거기에 우리가 나눠야 하는 무언가가, 우리를 연결시켜 줄 무언가가 있다고 믿는다. 저서로는 『함께 살 수 있을까』, 『어쩌다 유교걸』 등이 있다.

대도시 로봇의 사랑법, 〈로봇 드림〉

| **유슬기** 에디터

이런 모습을 상상해 보자. 이른 아침, 이부자리를 정리한 당신은 가장 먼저 애착 인형의 먼지를 턴다. 거실 한편에서는 나이 든 반려묘가 밥을 먹고 있다. 반려 식물에게 물을 준 뒤 소파에 털썩 앉아 인스타그램을 켠다. 가장 상단에 뜬 단짝 친구의 피드에는 눈, 코, 입이 그려진 돌 사진이 있다. '반려 돌'이라는 게시글을 본 당신은 '이름이 뭐냐'라고 댓글을 단다. 당신이 휴식을 취하는 동안 이미 몇 번이나 고장 났지만 어쩐지 쉽게 버릴 수가 없는 로봇 청소기는 다리 사이를 오가며 바닥을 청소한다.

위 장면에는 관계성을 지칭하는 '애착–', '단짝–', '반려–' 라는 말들이 등장한다. 그 가운데 '반려–'가 잇고 있는 관계 대상은 유달리 폭이 넓어 보인다. 반려라는 용어는 기존의 가족 제도와 인간 중심적 사고에서 벗어나 확장된 관계 맺기를 지칭하면서 길어 올려진 용어이기 때문이다. 이는 자본주의의 논리가 작동하기 이전에, 일상에서 새로운 관계를 상상하며 시작된 변화이다.

그렇다면 외로움이라는 현대 공중 보건의 위기에 대응하기 위해 반려 로봇이 제안되고 구체적인 실천안으로 독거노인들에게 반려 로봇이 보급되는 것도 로봇의 진화라기보단 반려의 진화가 아닐까? 비–인간과의 관계 맺기란 도시 문화의 일종이다. 이러한 풍경에 응답이라도 하듯 인간을 제하고 '도그'와 '로봇'을 통해 인연을 돌아보는 영화가 한 편 있다. 제76회 칸 영화제를 통해 첫선을 보인 파블로 베르헤르 감독의 〈로봇 드림〉2023이다.

©영화 〈로봇 드림〉

대도시의 기쁨과 슬픔

늦은 밤, 뉴욕의 한 아파트. 지루한 시선으로 혼자 콘솔 게임을 하는 도그가 등장한다. 냉동식품으로 허기를 달래고, 적막이 싫어 TV를 켜두지만, 적적한 마음은 숨길 수가 없다. 건물은 또 왜 이리 가까이 붙어 있는 것인지 건너편 집 창문 너머로 이웃 부부의 다정한 일상이 훤히 보인다. 몇 차례 리모컨을 눌러봐도 결국 또 홈쇼핑 채널이다. 그리고 화면을 가득 채우는 문장. "ARE YOU ALONE?" 도시인의 마음을 누구보다 빨리 캐치하는 것이 광고 카피가 된 지는 이미 오래되었다.

〈로봇 드림〉은 1980년대의 뉴욕 한복판에 인간 대신 이족보행 하는 동물들을 데려다 놓는다. 이 콘크리트 정글 속의 동물들은 인간과 별반 다를 바가 없으며, 그래서 더욱 씁쓸하다. 끊임없이 북적이고 변화하는 도심의 풍경은 개인의 고립감을 표현하기에 더없이 안성맞춤으로 보인다. 대도시의 슬픔은 너무나 많은 것들이 한데 밀집되어 있다는 것에서 기인한다. 풍요와 빈곤이 한 벽을 두고도 촘촘히 들어서기 때문이다. 그렇게 가까이 있기에 무엇이든 특히 상품이라면 더더욱 빠르게 대체될 수 있다. '편의'라는 욕구 아래에 우리가 가장 빠르게 발전시켜 온 도시 문화니까.

그 덕에 도그는 하루 만에 로봇을 택배로 받는다. 누구나 조립할 수 있는 키트 형태로. 그 과정만큼이나 빠르게 도그와 로봇은 둘도 없는 단짝이 된다. 로봇은 도그와 함께 산책하며 지나치는—미용실, 카페, 지하철역 등—모든 장소가 경이롭다. 두 친구는 센트럴 파크에서 핫도그를 먹고, 롤러스케이트장에서 '어스, 윈드 & 파이어'의 음악을 들으며 노래하고 춤춘다. 일상을 함께 나눌 반려가 생기는 순간 도시는 어딜 가든 테마파크로 변모한다.

'PLAY LAND'라는 유원지 및 해수욕장 입장은 그러한 유희의 절정으로 보인다. 그러나 함정이었을까. 해수욕장에서 한껏 놀다 잠든 도그와 로봇은 늦은 밤에 눈을 뜨지만, 둘 중 하나는 모래에서 몸을 일으키지 못한다. 로봇은 그만 방전되고 말았다. 글썽이는 눈으로 로봇

ⓒ영화 〈로봇 드림〉

과 눈을 맞추고, 아무리 당기고 끌어봐도 도그는 로봇을 짊어지고 집까지 갈 수가 없다. 로봇은 해수욕장 반대편으로 눈동자를 계속 움직인다. 눈으로 이렇게 말한다. "너 먼저 집에 가. 너라도 가." 도그는 다음날 다시 'PLAY LAND'를 찾아가지만, 북적이던 동물들은 온데간데없고 다음 여름이 올 때까지 휴장이라는 안내판만 덩그러니 남아있다. '한철'은 그렇게 지나간다. 도그는 뉴욕 도시관리과에 가서 출입 허가를 받으려 하지만, 예외는 없다. 대도시의 엔터테인먼트에는 나름의 규정이 있기 마련이다. 대도시는 이러한 생활을 안전하게 누리기 위해선 다 같이 규칙을 지켜야 한다고 요구한다. 그러자 도그는 규정을 무시하고 철창을 끊어내려 하지만, 그 또한 제지당한다.

처음 두 인물이 직면한 문제는 로봇의 신체적 특성 때문에 벌어진 일처럼 보인다. 무릇 물에 빠지면 문제가 생기는 게 기계들이니까. 그러나 진짜 문제가 시간이라는 자연의 이치인 만큼 두 친구에게 주어지는 퀘스트란 매우 간단하다. '시간을 견디라'는 것. 그러나 이를 어찌할까. 여전히 로봇과 함께 춤을 추던 9월이다. 그 뒤로 영화는 한 가지 물음으로 계속 관객을 끌어간다. "두 친구는 과연 재회할 수 있을까?" 이윽고 도심은 정서적 빈곤이 가장 적나라하게 드러나는 공간에서 풍부한 문화생활과 엔터테인먼트의 요충지로, 그리고 '꿈터'로 변한다.

꿈으로 그리는 마음의 지리학

해변에 누운 로봇은 가혹하게도 계속 활성화가 되어 있다. 로봇은 해변에서 꿈을 꾼다. 돌아가고, 돌아가고, 돌아가는 꿈. 로봇은 꿈을 꿀 때마다 '해변에 뉘인 나'에게서 불쑥 빠져나온다. 이때 이탈하는 것은 신체 이미지로 그려지지만, 우리 모두 알고 있다. 도그에게 전력으로 달려가는 로봇의 마음인 것을. 로봇은 자기가 닿고 싶은 대상에게로 끊임없이 돌아가는 연습 중이다.

그러나 이 꿈은 아름다운 환상만을 보여주지는 않는다. 로봇은 총 3개의 꿈을 꾸는데,

각 꿈은 3개의 위기로 치환된다. ①없어질 위기 ②대체될 위기 ③한낱 꿈일 위기. 처음에 로봇은 구멍 난 나룻배를 탄 토끼 3마리가 자신에게 가까워졌을 때, 그들이 자신에게 연료를 주는 꿈을 꾼다. 그리하여 철창을 펄쩍 뛰어넘어 콧노래를 흥얼거리며 도그의 아파트로 간다. 삑-. 벨을 눌러보지만, 문은 열리지 않는다. 도그는 이제 여기 없는 걸까. 꿈에서 깨고 보니 토끼들은 자기에게 연료를 주기는커녕 나룻배 구멍을 막기 위해 다리 한쪽을 떼어 가고 있다.

두 번째. 해변에 소복이 쌓인 눈과 얼음을 깨고 다시 도그의 집으로 가는 길. 여전히 콧노래가 나온다. 그런데 자신과 똑같은 콧노래를 부르는 로봇이 보인다. 도그도 보인다. 자기의 자리를 대체한 또 다른 로봇을 보고 로봇은 화들짝 놀라 숨는다. 다시 꿈이다. 세 번째. 이젠 눈 밑을 빠져나와 스크린 밖까지 나와 버린다. 어느새 〈오즈의 마법사〉의 한 장면에 들어와 있다. 즐겁게 춤을 추며 무지개 너머를 바라보지만, 결국 한낱 꿈이다. 관객만 목격할 수 있는 로봇의 반복적인 회귀는 모두 실패로 돌아간다. 이것을 지리적으로만 따지자면 제자리걸음이겠지만, 마음은 두려움과 희망을 오가며 새로운 동선을 그려낸다.

한편 도그는 냉장고에 6월 1일에 로봇을 데려오리라 메모를 남겨 놓고,

남은 시간을 부단히 고독과 싸운다. 겨우 9월을 지나고 10월이 되어 여느 때와 같이 핼러윈을 준비하지만, 도그는 로봇을 닮은 얼굴만 봐도 마음이 무너진다. 만남의 기쁨만큼이나 부재의 두려움도 다종다양한 것이다. 그래서 로봇이 곁에 없는 동안 〈로봇 드림〉은 도그의 심리를 특정 장르의 영화들을 오마주하여 대변한다. 핼러윈 날 보게 되는 쌍둥이 복장을 한 아이들〈샤이닝〉(1980), 홀로 몸에 묻은 케첩을 씻어 내리며 고독이 부각되는 샤워실 씬〈사이코〉(1960), 눈, 코, 입을 완성해 줬지만 결국 친구가 될 순 없었던 스노우맨〈스노우맨〉(2017)까지, '공포'와 '스릴러'를 넘나든다. 도그 또한 로봇처럼 길을 잃었고, 혼자인 시간이 두렵다.

ⓒ영화 〈로봇 드림〉

결정적인 대사도,
무시무시한 악당도 없지만

사실 이 영화에는 없는 것이 많다. 우선 말이 없다. 그 덕에 출중하다. 말로는 표현 못 할 순간들이 있다는 것을 단순하고 강력하게 보여주기 때문이다. 이것은 제약이 아닌 특기로 작용한다. 동그라미 하나에 눈, 코, 입이면 완성돼 버릴 것 같은 주인공들의 단순한 얼굴도 말로 못 하는 감정들을 풍성하게 전달하는 요소 중 하나다. 올라가고 내려가는 입꼬리에, 떨리는 눈동자에, 상대를 향해 기우는 상체와 고개에 하나하나 감정이 올곧게 실려 온다. 특히 주목할 만한 장면은 로봇과 새의 만남이다.

하늘에서 눈처럼 내려온 새 하나. 로봇의 옆구리에 둥지를 튼다. 이내 3개의 알이 깨어나고, 가장 늦게 깨어난 새끼 새와 로봇은 서로 눈을 마주친다. 이 단순한 대면으로 한 생명의 세상이 시작되었다는 것이 느껴질 때 우리는 한 가지 사실을 깨닫게 된다. 얼굴은 전지전능하다. 특히나 〈로봇 드림〉에서 얼굴은 보다 재기발랄하게 사용되는데, 로봇의 정체성을 유지시켜 주는 도구이자 가장 확실한 의사소통 수단이 된다. 태어날 때부터 다른 형제들에 비해 유약했던 셋째 새는 엄마 새의 비행 훈육 과정에서도 열등생이다. 좀처럼 날갯짓을 하지 못하는 셋째를 보던 로봇은 찬찬히 눈을 맞추며 곡선일 뿐인 입매를 올렸다가 내리기를, 웃었다가 찡그리기를 반복한다. 셋째는 로봇의 입꼬리 모양에 맞춰 날개를 올렸다 내린다. ∪∩∪∩∪∩. 그렇게 비행은 완성된다. 이 영화에는 무시무시한 악당도 없다. 그들의 재회를 끊임없이 방해하는 사나운 동물 하나쯤 있을 법도 하지만, 토끼는 자신의 필요에 의해 다리를 떼어갔을 뿐이고, 원숭이는 고철을 줍던 중이었으며, 너구리 라스칼은 그에게 다시 생명을 불어넣어 주기 위해 몸을 새롭게 수리했을 뿐이다. 이 영화의 정수는 악당을 물리치거나 극적인 재회 같은 '발산'의 순간이 아닌 물러서거나 웅크리는 '수렴'의 순간에 있다.

새로운 반려 라스칼과 함께 살게 된 로봇은 얼굴 빼고는 모든 것이 바뀐 몸으로 새로운 반려 로봇을 들인 도그를 우연히 발견한다. 거리로 내달려 나간 로봇은 도그를 향해 손을 뻗는다. 마침내 두드린다. 서로를 발견하고 이어지는 잠깐의 정적. 어스, 윈드 & 파이어의 노래 'September'의 첫 구절이 절로 떠오른다. "Do you remember?" 나 기억해? 도그와 눈물 나는 재회를 이어 나가려는 찰나, 그런 로봇의 등 뒤를 두드리는 존재도 있다. 너구리 라스칼이다. 머리를 흔들고 보니 로봇은 여전히 라스칼의 집에 있다. 로봇의 마지막 꿈이었다. 상상에서 깨어난 로봇은 도그와 눈이 마주칠까 봐 재빨리 벽 뒤로 몸을 숨긴다. 서로의 곁에 있는 새로운 인연들을 되새기면서.

ⓒ영화 〈로봇 드림〉

나가며

말은 일절 없고, 몸은 버려지거나 대체되기도 하는, 그리하여 점점 단출해지는 이 영화 속에서 우리는 아이러니하게도 더욱 깊은 사랑과 유대를 경험한다. 상대를 향해 뻗지 않고 되레 웅크릴 때 오는 밀도 높은 마음들. 이것들이 오갈 때 종차種差는 차츰 희미해지는 것일지도 모른다. 인연은 불현듯 끝맺어질 수 있다. 도그가 로봇을 구매하면서 시작됐던 인연이 로봇이 재회하지 않을 결심을 하면서 마무리되는 것처럼. 이렇게 멀찍이서. 이렇게 사랑하면서. 안녕을 바라면서. 〈로봇 드림〉이 관객에게 선사하는 것은 '오래오래 행복했습니다'라는 식의 극적인 해피엔딩이 아니다. 영원히는 아니어도 우리가 한 시절을 함께했음에 감사하고, 기억하고, 끝내 달라진 지금을 이해한다는 것에 있다. 거기에도 '오래오래 행복했습니다'가 있다.

이제 문득 길을 걷다 계속 뒤를 돌아보게 될 것 같다.
기억하지. 네 표정. 네 얼굴. 우리의 몸짓을 기억하지.
멈칫거리면서. 못 참고 춤을 춰 버리면서.
도시인의 고독에 약간의 희망을 보태면서.
우리는 계속 사랑을 해 왔다. 종을 넘나드는 사랑을.

본문에 사용된 이미지는 영화의 장면을 활용해 디자인했습니다.

세상의 중심에 있는 강

| 아란티 쿠마르-라오

| **번역** 김범준

탐험가이자 작가인 아라티 쿠마르-라오Arati Kumar-Rao는 티베트 불교 신앙 중심지의 깊숙한 곳에 존재하는 숨겨진 땅 페마쾨Pemakö 속 숲이 우거진 강 협곡으로 모험을 떠납니다. 산업의 무자비함은 오랫동안 침투하기 어렵다고 여겨졌던 예언 속 '약속의 땅'을 이제 위협하고 있습니다.

티베트 불교의 숨겨진 땅이자 피난처로 알려진 페마쾨Pemakö는 '약속의 땅'으로 유명합니다. 이곳은 티베트 자치구에서 인도까지 이어진 울창한 숲의 협곡으로, 힌두교의 신 시바Shiva의 거처로 숭배되는 신성한 카일라스 산과 빙하가 늘어져 있는 신비한 지역입니다. 티베트 경전에서는 '말의 귀 모양의 하구Kangri Karchok'라는 별명으로 불리는 곳이죠.

탄트라 불교를 티베트에 전파했다고 알려진 스승 파드마삼바바구루 린포체는 정치적 분쟁을 피해 피난처를 찾는 티베트 불교도를 제외한 누구에게도 이 장소가 공개되지 않도록 천명하고 비밀스럽게 유지해 왔다고 합니다. 또 자신의 뒤를 잇는 계승자인 테르퇸tertön, 보물을 계시하는 자만이 이 땅에 대해 알릴 수 있으며, 곤경에 처한 사람들의 출입을 허락할 수 있도록 했습니다.

이와 같은 배경에는 이 지역이 가진 전략적 요충지로서의 지리적 이점이 작용했습니다. 1800년대 러시아와 영국의 전쟁 당시, 중간 지점에 위치한 중국 청나라 황제는 위험에 대처하고자 2,400km에 달하는 티베트 국경을 봉쇄했습니다. 1910년에는 반대의 상황이 펼쳐지기도 했는데요. 도살자라는 무시무시한 이름으로 불렸던 청나라 관료 짜오얼펑이 티베트 동부와 중부를 침공하여 캄파족을 학살한 사건이 발생했습니다. 이 시기 테르퇸으로 임명된 뒤좀 닥낙 링파Dudjom Drakgnak Lingpa는 억압받고 있던 캄 지역 사람들을 위해 이전까지 비밀스럽게 숨겨져 있던 땅 페마쾨를 개방해 맞이했습니다. 파드마삼바바는 이런 문제에 대비하기 위해 이 땅을 마련해 둔 것이지요. 이후 캄파족은 이 전설의 땅에 정착하여 현재까지 가장 큰 소수민족 중 하나로 성장하게 되었습니다.

이토록 신비로운 이 땅은 암퇘지 머리를 한 티베트의 지혜의 여신인 다키니Dakinis 몸의 형상으로도 표현됩니다. 머리–목–가슴–배꼽–음부에 이르는 여신의 다섯 차크라는 강 유역을 따라 티베트와 인도 사이의 경계 전반에 펼쳐져 있습니다. 티베트 자치구의 높은 산 캉그리 카르포Kangri Karpo의 우뚝 솟은 봉우리는 여신의 머리를 의미하고, 중국 국경 부근에 자리한 두 봉우리 남차 바르와Namche Barwa와 갸라 페리Gyala Pelri는 여신 가슴의 형상을 담아냅니다. 그리고 인도 국경 부근 데바코타Devakota 산속에 자리 잡은 곳이 여신의 신성한 자궁으로 표현됩니다. 이 지역을 관통하는 신비의 강 '니앙강'Nyang River, 尼洋曲은 여신의 다섯 가지 지혜가 온전히 깃들어 흐르고 있다고 전해지고 있습니다.

신성한 데바코타에 대한 환상은 저의 마음을 완전히 사로잡았습니다. 그때 느낀 형언할 수 없는 끌림은 무려 8년이라는 시간 동안 저의 상상력을 자극해 왔습니다. 강과 관련된 수많은 문헌을 모조리 읽고 난 뒤 강의 발원지부터 합류하는 지점까지의 경로를 구석구석 살펴왔습니다. 저는 이전에 시앙 계곡 여정에서 '신비의 강' 니앙강과 시앙이 합류하는 지점까지 가본 적이 있습니다. '신비의 강'이라는 이름에 걸맞게 니앙강은 숲이 우거진 협곡의 깊숙한 곳까지 이어져 있었어요. 강은 특별한 모난 몇 곳을 제외하면 급류가 없이 평온하게 흘렀습니다. 하지만 이번에는 그 강 계곡의 깊숙한 곳으로 들어가 보려고 합니다.

어느 봄의 끝자락, 저는 친구이자 안내자인 카톤과 '신비의 강' 계곡 깊숙한 곳에 있는 페마쾨를 향해 떠났습니다. 이번에는 저지대 평원에서 시작해 시앙 계곡을 따라 굽이굽이 위로

올라가 보기도 하고 돌연 동쪽으로 방향을 틀어보기도 했어요.

시앙 계곡을 지나 중국 국경으로 접어들 무렵 우리를 맞아준 것은 길이가 180cm6ft에 육박하는 독수리였습니다. 높은 곳까지 솟아오른 독수리는 깃털을 펼치며 시계 방향으로 나선의 궤적을 그리며 날아오르더니 또 반대 방향으로 비스듬히 이동했습니다. 그러고는 머리를 날개 사이로 집어넣고 몸을 비스듬히 기울인 채 가파른 산기슭의 안개 자욱한 계곡 밑바닥을 훑어보고 있었죠. 그곳에는 동인도 아몬드 나무를 비롯해 붉은색으로 물든 흰 줄기 감람나무, 꽃망울이 붉게 터져 흐드러진 판야나무, 목련나무, 그리고 사라수沙羅樹로 가득 채워진 큰 산림이 자리 잡고 있었습니다.

우리는 잠시 차를 주차하고 나와 앉아서 상승 온난 기류를 타고 위로 날아 올라가는 새를 바라봤습니다. 햇살이 그 새의 등을 비추어 반짝이는 찰나의 순간 새는 금빛으로 빛나더니, 거대한 무화과나무 뒤로 사라져 버렸습니다. 이윽고 안개가 걷히고 햇살이 들자, 그 틈새로 청록색을 띤 시앙의 모습이 드러났습니다. 시야는 점점 밝아져 일렁이는 바위의 모습을 지나 강 주변의 평원까지 다다릅니다. 참으로 몇 번을 보아도 질리지 않을 광경에 전율이 느껴집니다.

친구인 카톤이 뜬금없이 "시앙Siang은 아디Adi어의 축약형이야"라고 말을 건네왔습니다. 'Asi'는 '물'을 의미하고, 'àpì-ang'은 '마음'을 의미한다며, 이 계곡에 거주하는 아디족이 쓰는 단어 'Si-ang'은 '우리의 마음을 흐르는 강'이라는 뜻이라는 설명과 함께 말이죠. 그는 몸을 앞으로 기울여, 가파른 절벽을 덮고 있는 바위의 돌출부를 올려다봅니다. 그러면서 자부심에 찬 목소리로 "여기가 바로 아디족이 영국군을 막은 곳이야. 그들은 투석기를 만들었는데, 나무로 엮은 튼튼한 밧줄이 바위를 담는 큰 그물망 형태의 투석기였어." 그는 손을 활용하여 당시 상황을 설명합니다. 카톤은 신이 나서 설명을 계속 이어갔어요. "영국군 장교들과 영국군 소속 인도 보병들의 행군종대가 이 돌출부 바로 밑까지 딱 전진했을 때, 반대편 언덕에 자리 잡은 아디족의 한 사람이 신호를 줬어. 그러자 이곳에서 기다리고 있던 아디족의 한 노인이 밧줄을 잡아당겼고, 바위들이 큰 그물망에서 행군종대가 있는 아래쪽을 향해 폭포처럼 쏟아져 내려 군대를 괴멸시켰지. 그때 밧줄을 잘라 영국군을 막아내신 분이 바로 내 종조부님이셨어. 종조부님이 자리를 뜨려고 하던 찰나에, 살아남은 영국군의 총격을 맞고 숨을 거두셨어. 안타깝게 돌아가시긴 했지만, 결국 종조부님 덕분에 침략을 완전히 막아낼 수 있었던 거야."

카톤은 완전히 다른 두 세상을 영적으로 넘나들며 가이드하고 있었어요. 그 세상의 한쪽은 아디Adi이고, 다른 한쪽은 캄바Khamba인데, 캄바는 1900년대 초에 박해를 피해 티베트에서 남쪽으로 이주한 티베트 불교 전사 씨족입니다. 특히 그가 자랑스러워하는 아디는 시앙 계곡의 용맹한 정령 숭배 부족으로 영국의 '원주민 정벌대 abor expeditions'를 세 차례나 격퇴한 것으로 알려져 있습니다. 인도 식민지 점령자들은 신식 무기와 고급 전술을 지니고 있었음에도, 이 지역이 난공불락이라는 사실을 깨우친 것은 19세기 말에서 20세기 초가 되어서였다는 것이 그의 설명이었습니다.

그렇게 길을 걷다가 야무나강 계곡의 마을 외곽에서 하룻밤 묵게 됩니다. 야무나는 시앙의 여러 지류 중 하나로 여러 아디 족의 삶을 지탱하는 풍부한 어족자원을 가지고 있습니다. 주변에는 겹겹이 펼쳐진 숲이 난공불락의 산맥을 가득 메우고 있었습니다. 마을의 계단식 지형은 계곡 바닥 근처까지 펼쳐져 있었는데, 작은 산 개울에 흐르는 물을 논으로 향하게 하여 쌀농사도 한창이었어요. 동시에 줌 케티jhum kheti라고 불리는 농사법은 굉장히 대조적으로 보였습니다. 70~80도 정도의 아찔한 경사에서 경작하며 땅의 지력이 다하면 다른 곳으로 이동하는 방식이죠. 몇 년 주기로 휴한지를 가지고 토지가 회복되면 다시 돌아오기를 반복한다고 합니다.

이런 광경을 바라보고 있자니, 이곳은 문명의 변화에 전혀 영향을 받지 않는 것처럼 느껴졌습니다. 마치 원시시대의 토끼굴 속으로 떨어진 것 같기도 했죠. 아디 사냥꾼들은 수목한계선을 넘는 4,000m가량의 산봉우리를 손쉽게 올라가 독초인 아코나이트를 수확해 독화살을 만들어 사냥하여 고기를 보충하고 있었습니다. 아이들은 작은 나무 바퀴가 달린 대나무 썰매를 타고 풀밭과 진흙 비탈을 나뒹굽니다. 여자들은 곡물가루를 만들기 위해 절구를 두드리고 있고, 남자들은 숲에서 대나무 덫을 손보고 있었습니다. 남은 가족들은 쌀로 만든 술인 아퐁apong에 곁들여 먹을 에피타이저용 케이크를 만들기 위한 약초를 캐러 나섰습니다. 이들은 때로 버섯을 찾으러 다니기도 하고 가축으로 키운 소를 도축하기도 합니다.

시앙Si-ang은 이 계곡에 거주하는 아디족의 언어로,
'우리의 마음을 흐르는 강'이라는 뜻입니다.

그렇게 하루를 보내고 우리는 시앙강과 니앙강의 합류지로 출발했습니다. 차로는 아마 반나절 정도 걸렸던 것 같아요. 차로 이동하긴 했지만 '차도'를 지나서 편하게 왔다고 생각하신다면 오산입니다. 도로를 만들기 위해 깎여진 산비탈에서 발생한 산사태들이 우리 길을 가로막았기 때문이에요. 어쩔 도리 없이 장애물을 힘겹게 헤쳐 나가야만 했죠. 그런데 이 도로 공사가 불편한 것은 우리만이 아니었던 것 같아요. 공사로 인해 페마쾨 하류가 훼손되었고, 여행자나 사냥꾼, 순례자들을 위한 오래된 산책로와 대나무 다리도 모두 황폐해지고 말았다고 합니다. 그렇게 반나절 내내 덜컹거리며 바위투성이를 빠져나오느라 허리와 엉덩이 통증에 시달려야 했습니다. 페마쾨 하부에서 유유자적하며 3일 정도 시간을 보내려고 했던 처음 계획도 무산되고 말았죠.

목적지가 가까워질수록 변하는 것은 주변의 풍경만이 아니었습니다. 삶 자체의 변화를 느끼게 되었어요. 카톤 역시 마찬가지였습니다. 아디족 이름인 카톤이 아닌 자신의 다른 정체성인 캄바족 이름 '페마'로 자신을 소개합니다. 그리고 말투도 지역 방언으로 바뀌어 유창하게 구사하기 시작하죠. 이때부터 주변은 온통 눈 덮인 높은 봉우리로 가득합니다. 그나마 가끔 나타나는 사원을 제외하고는 온통 정글의 연속입니다. 전기 설비도 없고 전화도 먹통이 되었어요.

고난은 그뿐만이 아니었습니다. 담딤damdim이라 불리는 흑파리 떼가 활동을 시작하기 때문이에요. 파리가 물고 간 자리에는 상처가 벌어져 피가 흘러내립니다. 어디선가 나타날지 모르는 거머리를 경계하면서 파리를 쫓으려고 안간힘을 쓰지만 아무런 소용이 없습니다. 그나마 위안은 주변에 징, 염주, 불경 등이 보였다는 점입니다. 의식이 행해졌다는 것은 우리가 목적지에 가까워졌다는 것을 의미했으니까요. 협곡 아래를 흐르는 '신비의 강' 니앙강의 솟구치는 물소리가 점점 선명하게 들려오고 있었습니다.

사방에는 안개가 옅어졌다가 심해지길 반복했고, 해는 떠오를 기미도 보이지 않았어요. 구름은 점점 커지더니 굵은 빗방울을 밤새도록 쏟아내고 있었죠. 그때 페마카론는 "일단 한 번 가보자"라고 결의의 말을 건네왔습니다. 우리는 지금 위치한 해발 1,375m에서부터 계곡 심부를 향해 약 600m를 더 내려간 다음 데바코타Devakota 산을 오르기로 계획을 세웠습니다. 순례자들이 성지 주변을 시계 방향으로 순행하는 '코라'를 한다는 마음으로 말이에요. 불교도들에게 있어 데바코타는 영적 스승인 린포체의 예언에 등장하는 '불멸의 극비 장소'입니다. 모든 것이 멸종한 종말의 암흑기 이후 다시 인류가 씨앗을 틔우는 요람의 공간으로 알려진 곳이죠. 기근, 전염병, 전쟁, 폭력이 만연할 때 산 정상에 있는 이 생명의 원천이 세상을 재생하고 새롭게 할 것이라는 믿음이 전해지고 있습니다.

우리는 배낭을 둘러메고 걸음을 옮깁니다. 피를 빨아먹는 흑파리는 어디에나 있습니다. 흑파리가 물고 간 자리는 혈액이 잘 응고되지 않아 피가 계속 흘러내렸어요. 페마는 그런 저의 처지를 비웃습니다. 흑파리는 나를 괴롭히는 존재가 아니라 함께 살아가는 것일 뿐이라고 조언했습니다. 그러면서 그는 지금은 모습을 감춘 설산들 사이에 있던 페마쾨 내부 최고 성지 세 곳에 올랐던 이야기를 들려주었습니다. 그곳의 암벽은 너무 가파르게 솟아 있어서 마치 바로 코앞에 있는 것 같이 느껴졌다고 합니다. 거기서는 거머리가 눈을 공격하고, 야생 멧돼지가 바나나 숲 덤불에서 습격해 오는가 하면 흑곰이 머리 가죽을 벗겨내고 심지어 호랑이가 출몰하며, 낙엽이 쌓인 바닥에는 독사가 가득하다고 설명했습니다. 고대 예언에 따르면 오직 순수한 의도와 헌신적인 마음을 가진 자만이 목적지에 다다를 수 있다고 합니다. 그리고 여전히 티베트의 많은 불교 종파가 '약속의 땅' 이끌려 페마쾨로 오고 있다고 했습니다.

데바코타의 비탈은 언제나 위험천만했습니다. 끊임없이 넘어지고 미끄러졌고 다시 또 미끄러졌습니다. 그럴 때마다 심장은 쿵쾅대며 요동쳤어요. 이 길은 니양강 협곡으로 가파르게 떨어지는 좁은 벼랑을 따라 이어져 있습니다. 비는 억수같이 쏟아졌고, 옷과 몸은 모두 흠뻑 젖어버렸습니다.

우리는 지금 불교 신앙의 가장 깊숙한 곳에 있다는 사실을 깨닫게 됩니다. 데바코타를 한 바퀴 도는 순례만으로 100억 개의 초능력을 가져온다고 합니다. 산에서 흐르는 물을 마시면 20년 정도는 수명이 늘어나고, 이곳에서 하는 하루의 명상은 다른 곳에서의 1년과도 같다고 합니다. 그렇게 전해지는 이유는 이 산이 가장 신성한 세 봉우리의 에너지를 응집시키는 곳이라 믿음이 이어져 내려오기 때문입니다. 그렇기에 티베트 불교도들은 기꺼이 수많은 위험을 무릅쓰고서라도 험난한 여정에 오를 가치가 있다고 여기는 것이죠.

니앙강을 가로지르는 현수교에 몸을 기대고 기도의 깃발 틈으로 숲 저편을 바라보고 있노라면, 수백 년간의 신앙, 역사, 오래된 자연이 몸속으로 밀려 들어오는 것을 느낄 수 있습니다. 강이 산을 빠르게 돌아나가는 지점에서 시앙을 만나게 됩니다. 안개는 신들이 내쉰 숨결처럼 땅에서 솟아오르고, 바위에는 1인치 두께의 이끼 덩어리가 축축하게 덮여 있습니다. 저는 두 손을 모아 바위 아래로 갖다 대고, 손바닥 위로 떨어지는 물을 받아 마십니다. 달콤하고 차가우며 생명을 불어넣어 주는 그런 맛입니다.

지의류, 양치류, 균류, 난초류로 뒤덮인 다양한 덩굴식물들과 얽히고설킨 나무 덩굴이 숲의 하부를 장식하고 있습니다. 깊고 텅 빈 굴들은 곰들의 동면기 흔적입니다. 지난 수년간 이곳을 등반한 신도들의 기도 깃발들이 대나무 난간마다 엉킨 철조망마다 다 걸려 있는데, 그중 일부는 너무 오래되어 이끼와 곰팡이로 뒤덮인 깃발이 돼버렸습니다. 따스한 흙 내음과 나무 향이 초르텐chorten, 부처의 사리나 유물 혹은 라마승의 시신이 보존된 곳의 향과 어우러져 있습니다.

이곳의 동굴들은 여신들과 정령들이 머문다고 여겨지고 있습니다. 높은 절벽의 바위 턱에서 아래를 내려다보니, 동굴에서 흘러나온 개울물이 흘러내려 강과 합류하는 모습이 보입니다. 이 동굴에서 흘러나오는 물은 여신 다니키의 생리혈인 신두라sindura라고 전해지고 있습니다. 신앙과 전설, 헌신과 운명의 기운이 우리 주위에 머물고 있음을 느꼈습니다. 수 세기에 걸친 신앙이 깃들어 있는 이곳의 힘은 여신의 자궁을 순회하고자 하는 지친 순례자들을 품어 활기를 되찾게 하기에 충분합니다.

산꼭대기에는 작은 수도원이 자리하고 있습니다. 저는 수도원 내부 단칸방으로 걸어 들어가, 구루 린포체를 묘사한 거대한 황금 좌상坐像 앞에 본능적으로 엎드리게 됩니다. 계율대로, 손을 머리 위로 들어 합장합니다. 엎드린 자세에서 무릎 꿇는 자세로 몸을 일으켜 무릎을 꿇고, 두 손을 가슴에 모아 합장합니다. 이 세상 모든 존재들에게 은총이 있길 기도합니다. 그리고 다시 일어나서 손을 들고 무릎을 꿇으며 절을 하는데, 이번에는 제 가족에게 은총이 있길 기도합니다. 세 번째로 절을 할 때, 갑자기 이유 모를 눈물이 흘러내립니다.

흐느끼는 저의 울음소리는 수도원의 벽을 타고 메아리칩니다. 징 아래에 앉아 염불을 외던 한 라마승이 염불을 잠시 멈추고 저를 쳐다봅니다. 그러자 제 무릎이 풀리어 바닥에 주저앉아 버렸고, 화려한 색으로 조각된 기둥에 몸을 가누게 됩니다. 산꼭대기에서 저희를 열렬히 반겨줬던 황갈색 고양이가 제 무릎 위로 기어 올라와 제 얼굴을 핥습니다. 수 세기 동안 불교계 전역에 퍼져 있던 독실한 불자들을 품어 온 성산에서 세속에서의 저의 모습은 모두 증발하고 말았습니다. 그 순간 저는 가식을 완전히 벗어던져 버립니다. 마치 '나'는 존재하지 않기도 하고 세상의 전부이기도 하며, 동시에 둘 다인 것 같기도 합니다.

소중한 장소는 언제나 훼손의 위험에 빠져있습니다. 페마쾨도 예외는 아닙니다. 만약 중국의 최근 5개년 계획이 실현된다면, 이번 세기에는 이 땅에 새로운 위험이 찾아올 것입니다. 머지않아 창포강이 2km 정도 흘러 시앙으로 이름이 바뀌는 지점에 중국 최대 수력 발전 댐이 건설되리라는 사실을 알리는 중장비의 요란한 굉음과 천둥 같은 발파 소리가 페마쾨 상부까지 울려 퍼지겠지요. 개발은 산악 지대에는 치명적입니다. 1600년 이후에 일어난 대지진 대부분이 지난 120년 동안 발생한 것들입니다. 만약 중국이 상류 지역에 댐을 건설하게 된다면 인도 중류와 방글라데시 하류 유역에 필요한 퇴적물과 물을 공급하지 못하게 됩니다.

이 모든 것들은 불교 전통의 보고이자, 생태학적으로 손상되기 쉬운 숨겨진 땅 페마쾨를 전혀 고려하지 않고 있다는 점을 알아차려야 합니다. 창포강 우선권에 대한 중국과 인도의 분쟁은 인도의 댐 건설 계획까지 촉발시키고 말았습니다. 공사가 시작되면 오래된 숲들, 부락들, 그리고 원주민들의 신성한 땅과 문화 모두가 수몰될 것입니다.

지혜 여신의 비밀스러운 차크라가 있는 곳인 니앙강과 시앙강 인근은 이미 트랙터와 굴착기가 빽빽하게 들어서 있습니다. 인도는 이 신성한 합류점을 가로지르며 시앙 계곡의 등줄기를 타고 내려가는 고속도로를 건설하는 중입니다. 도로를 깎는 기계들이 양쪽 국경의 산비탈을 갉아먹고 있습니다. 쉴 새 없는 소음공해에 사슴의 울음소리와 참새의 지저귀는 소리는 묻혀버립니다. 제 마음속에서는 두 가지 감정이 차오르며 충돌을 빚고 있습니다. 하나는 제가 순례하면서 차올랐던 감동이고, 또 다른 하나는 신성모독적인 행태를 일삼는 잘못된 방향성을 가진 공사 계획 때문에 끓어오르는 분노입니다.

저는 아디인으로서의 카톤이 시앙의 울퉁불퉁한 바위 위를 껑충껑충 뛰노는 모습부터 캄바인으로서의 페마가 오래된 울창한 숲속 미끄러운 비탈길을 편안하게 누비는 모습까지 봐 왔습니다. 카톤이든 페마이던 상관없이 그는 곰이 잠시 머무른 흔적을 알아차리거나, 먹을 수 없는 열매를 구분하는 모습은 같았습니다. 물살을 거슬러 헤엄치는 능력, 비에 흠뻑 젖은 나무에 불을 붙이는 기술이며, 60도 경사면에서 40kg 무게의 짐을 끌고 오르는 모습, 튼튼하게 얽힌 덤불 사이를 뚫고 헤쳐 나가는 모습은 참으로 경이로웠습니다.

그는 여태 제가 만나왔던 그 어떤 젊은 아디인이나 캄바인 학생들과는 확연히 다른 모습이었습니다. 그 아이들은 고개를 숙인 채 하루 종일 스마트폰에 빠져 있고, 작은 화면의 불빛에 얼굴이 비치고 있었습니다. 그들의 마음과 정신과 삶은 조상의 영적인 연결과 완전히 분리되어 버렸습니다. 알도 레오폴드Aldo Leopold의 *Sand County Almanac*샌드 카운티 연감/모래 군(郡)의 열두 달에 나오는 한 구절이 문득 떠오릅니다.

"문명화는 기계와 브로커를 동원하여 인류와 지구 사이의
본질적인 관계를 너무나 어지럽히고 있다.
그로 인해 인류와 지구 사이의 본질적인 관계에 관한
인식이 점점 희미해지고 있다.
우리는 무엇이 우리의 삶을 살아갈 수 있도록 하는지 망각한 채,
산업의 발전이 우리를 돕고 있다고 착각한다."

끝나지 않을 것만 같던 고된 여정을 마치고 순례를 마치고 돌아본 데바코다에는 여전히 영적인 존재가 살아 숨 쉬고 있었습니다. 비밀의 세계로 발을 내디딜 때 느낀 경외감이 또 다른 발을 내디딜 때는 상실감으로 다가왔습니다. 이토록 소중한 유산이 '개발'의 구렁텅이로 사라지기까지 우리에게는 과연 얼마나 많은 시간이 남아있을까요?

이 글의 원제는 'RIVER AT THE HEART OF THE WORLD'이며 본지에서 번역 소개를 허락해준 Emergence Magazine 관계자에게 감사드린다.
영어 원문: emergencemagazime.org/essay/river-at-the-heart-of-the-world/

아란티 쿠마르-라오

환경 사진작가, 작가, 예술가이다. 주로 인도에서 일하면서 그녀는 인류가 초래한 풍경의 변화와 그것이 생활, 문화, 생물 다양성에 미치는 영향을 기록하고 있다. 저서로는 *MARGINLANDS*가 있다.

김범준

미국 SMU(Southern Methodist University)에서 철학 전공으로 학부를 마쳤고, 고려대학교에서 동양철학 석사과정을 수료한 뒤, 현재는 서울대학교 교육학과에서 평생교육 전공으로 석사과정을 밟고 있다. 미래교육, 평생학습, 평생철학, 실천철학의 대중화를 위한 활동을 꾸준히 이어가고 있다.

종교를 넘어 영성으로

| **한윤정** 생태전환 매거진 〈바람과 물〉 편집인

대개 '영성'이라는 단어를 들으면 종교의식과 기도를 생각하거나 요가, 위빠사나, 마음 챙김 같은 수행을 떠올릴 것이다. 맞다. 영성은 기독교를 비롯한 세계종교에서 유래했으며 체계적인 수행법을 포함한다. 영성은 또한 신비로움, 금욕, 평화, 고요, 마음과 일상의 변화, 남다른 능력을 연상시키기도 한다. 이 역시 맞다. 영성은 특별한 가치 추구와 수행을 통해 새로운 경험을 선사하고 삶을 바꿔놓는다.

이 모든 것을 포함하여 영성이란 "인간 존재의 전망, 인간 정신이 최대한의 잠재력을 갖기 위한 전망을 구체화한 생활방식과 수행"으로 폭넓게 정의된다. 영성을 이렇게 정의한 영국의 철학자 필립 셸드레이크는 현대 사회에서 영성이 전통적인 종교를 넘어 세속의 영역으로 확장되고 있으며, 서로 다른 장소와 문화적 맥락에 따라 영성의 정의와 실천, 수행법 또한 달라진다는 점에서 "영성은 카멜레온과도 같다"라고 말한다. 그럼에도 그는 영성에 대한 현대의 수많은 정의로부터 다음의 다섯 가지 특징을 찾아낸다.

① 영성은 전체적인 것, 즉 삶에 대한 완전히 통합적인 접근법과 관련이 있다. 영적인 것은 인간 존재의 여러 요소 중 하나라기보다 '전체로서의 삶'이라는 통합의 요소로서 이해되는 게 바람직하다.

② 영성은 '신성함'의 추구와 관련된 것으로 이해된다. 이것은 신에 대한 믿음을 포함해 인간 존재의 신성함, 심연 또는 우주의 무한한 신비까지도 가리킨다.

③ 영성은 전통적인 종교적 · 사회적 권위의 쇠퇴에 대한 대응으로서 삶의 목적과 의미에 대한 탐색을 포함하는 것으로 이해된다. 삶의 의미와 결합함으로써 현대의 영성은 정체성과 인격에 대한 이해까지도 암시한다.

④ 영성은 '번영함'이 무슨 뜻인지, 어떻게 번영할 수 있는지의 문제와 연결되기도 한다.

⑤ 영성은 삶에 대한 수단화된 태도와 대조되는, 궁극적 가치의 감각과 관련이 있다. 이는 성찰 없는 삶이 아닌 자기성찰적 실존을 뜻한다.

전체성, 신성함, 삶의 목적, 번영좋은 삶, 자기성찰을 아우르는 영성은 인간적 약점이나 한계를 뛰어넘어 세계를 제대로 알고 한껏 느끼고 잘 살아가고 싶은 인간의 깊은 소망이 빚어낸 역사적 · 문화적 축적물이다. 종교적이든 세속적이든 상관없이, 영성은 인생의 행위와 의미에 대한 간절한 염원을 담고 있다. 이 글은 필립 셸드레이크의 저서 『영성이란 무엇인가』한윤정 옮김, 불광출판사/2023.09.출간를 중심으로 영성 개념의 역사적 변천과 오늘날 탈종교적 · 초종교적 맥락에서 영성이 갖는 의미를 살펴보고자 한다.

기독교와 세계종교의 영성

'영성'spirituality이라는 말은 기독교에서 처음 사용하다가 다른 세계종교 그리고 세속적 영역까지 확대돼 지금처럼 널리 쓰이게 됐다. 라틴어 형용사 'spiritualis'영혼에 관한; 숨쉬기, 호흡, 바람 또는 공기와 관련된에서 유래했으며 그리스어 형용사 'pneumatikos'로 번역돼 신약성서에 등장한다. 기독교 영성은 성부 · 성자 · 성령의 삼위일체, 특히 성령Holy Spirit을 매개로 하느님이 인간과 소통한다는 교리와 관련이 있다. 하느님은 삼위의 영속적인 상호순환으로서 관계적 존재이며 존재의 경계를 초월함으로써 하느님 나라를 구현하고 인간세계에 정의와 공의를 실현하는데 이 같은 역동성의 중심에 영성이 있다. 초기 기독교에서 영적인 것은 신체적bodily이나 육체적physical인 것의 반대가 아니라 세속적worldly이거나 하느님의 뜻을 거스르는 육적fleshly이라는 말과 대비되었다. '영적' 인간은 하느님의 영향 아래 살기를 추구하는 반면, '육적' 인간은 개인의 만족, 안락, 성공에 주로 관심을 둔다.

이런 대비는 중세까지 대체로 유지되었으나 중세 후기부터는 삶의 정신적 측면을 포함하는 뜻으로 확대되었다. 영성이라는 명사가 성직자나 교회 기관을 가리키는 말로 쓰이기도 했다. 그 후 한동안 사라졌다가 19세기 프랑스어 명사 'espiritualite'로 재정립되며 현대 영어의 'spirituality'는 프랑스어의 번역이다. 현대적 의미의 영성은 기독교 이외의 종교와 비의적 전통까지 포함하는 넓은 경험의 영역으로 확장되며 개인의 성스러운 경험, 삶의 깊은 가치와 의미까지도 포함한다. 일상적으로 관찰할 수 있는 세계를 넘는 초자연적 영역에 대한 믿음, 개인의 성장, 궁극적이거나 성스러운 의미의 추구, 자기 내면의 만남을 가리키기도 한다.

기독교 세계 바깥에서 '영성'이란 단어가 쓰인 것은 19세기 후반 유럽과 인도의 종교계 인사들이 접촉하면서부터이다. 힌두교 사상가 스와미 비베카난다는 1890년대 미국과 유럽의 청중 앞에서 서구의 사고 및 행동 방식의 한계와 비교해 인도의 문화와 종교가 가진 자연스러운 '영성'을 찬양했다. 종교 간 접촉이 활발해짐에 따라 세계종교는 공통으로 영성이라는 말을 사용하고 이를 매개로 종교 간 대화를 모색하게 된다. 종교적 영성은 종교의 창시자나 경전에 묘사된 신의 이미지를 향하면서 인간의 원형 회복을 추구하는 과정이 핵심을 이룬다.

기독교 영성에서 가장 중요한 개념은 회심과 예수의 길을 따르라는 요청을 뜻하는 '제자 됨'이다. 회심은 구원의 기초로서 성령이 주관하는 선물이며 제자 됨에는 선포, 봉사, 공동체의 일원이 되는 것 등 세 가지 차원이 있다. 기독교 영성은 강한 금욕적 전통을 갖지만, 근본적으로 세계를 부정하지 않는다. 자연 세계와 그리스도의 육화는 하느님의 자기현시이자 성스러움과의 조우이다. 따라서 일상생활을 근본적으로는 긍정하면서도 세상의 무질서와 인간의 끝없는 욕망에 맞서 영적 변화의 가능성을 추구한다.

불교는 신이 있을지도 모른다는 것을 부정하지 않으면서도 우리가 구원을 위해 어떤 신에게도 의존할 필요가 없다고 가르쳤다. 영적 여정의 기본은 '고귀한 팔정도'인데 이는 고강도 수련이 필요한 세 개의 묶음으로 나눠진다. 마음을 정화하는 지혜프라즈냐, 비윤리적 행위를 삼가는 계율실라, 명상 수행을 하는 마음수련사마디이다. 팔정도의 목적은 변화된 영적 통찰력을 얻고 환상에서 벗어나며 보편적인 자비를 배우는 것이다.

이슬람 영성은 신에 대한 헌신에 기초한다. 신의 뜻을 이루는 방식으로 행동하는 것뿐만 아니라 주의를 집중하고 신의 의지에 복종해야 한다. 하루에 다섯 번 기도하는 행위메카 방향을 향해 경건한 자세로 코란을 암송하는 것, 하느님의 이름을 부르는 것, 식단 조절과 단식, 순례, 자선, 청결 등이 주요한 헌신의 덕목들이다.

세계종교의 일부 분파들은 교리보다 영성에 더 치중한다. 유대교 카발라주의카발라는 전통, 전승이라는 뜻는 모세와 솔로몬

으로부터 내려온 비의적 지혜를 활용해 토라모세오경의 깊은 의미를 탐구한다는 점에서 일상생활에 치중하는 율법주의와 대비된다. 이슬람 수피즘은 소용돌이 춤을 추면서 황홀경을 경험하는 데르비시 교단으로 대표된다. 초기의 사막교부 수사들로부터 시작해 베네딕트 영성, 프란치스코 영성, 이냐시오 영성으로 이어지는 기독교 수도원주의의 전통도 뚜렷하다. 불교는 기본적으로 평화, 마음챙김, 자비로운 지혜를 지향하는 명상선 수행을 실천한다. 이 밖에도 서구에 한정할 때 신이교주의를 비롯해 인지학, 신지학, 장미십자회, 프리메이슨, 강신술 등 종교와 철학 또는 윤리의 경계를 오가는 비의적 집단들이 나름의 영적 수행법을 개발하고 전승해 왔다.

민주화되고 평평해진 영성

20세기 후반기는 영성의 역사에서 획기적인 전환점을 이룬다. 과거 종교나 비의적 전통에 종속되었던 영성이 세속적 맥락으로 옮아간 것이다. 제2차 세계대전 이후 유럽제국의 종말, 피식민 국가들의 독립, 민족문화의 정립과 문화상대주의, 계급 · 젠더 · 인종에 따른 차별

철폐 운동, 글로벌화 등 광범위한 문화적 변화 속에서 과거로부터 내려온 종교적 · 사회적 정체성과 가치 체계에 대한 심각한 의문이 제기되었다. 그 결과, 많은 사람이 더는 전통 종교를 자신의 영적 추구를 위한 적절한 창구로 보지 않고 새로운 자기 지향의 원천을 찾았다. 그러면서 '영성'은 자아와 삶의 궁극적인 목적을 탐구하는 대안으로서 종교를 대체하게 되었다.

더는 자신을 '종교적'이라고 생각하지 않는 사람들이 스스로를 '영적'이라고 인정한다. 이들은 의미 있는 삶을 추구하기 위해 실천하는 다양한 수행과 정신적 지향을 이 말로 표현한다. 영적인 추구의 대상은 점점 종교라는 외향적 권위에서 벗어나 좀 더 신뢰할 수 있는 내향적 경험으로 옮아가고 있다. 영국의 사회학자 폴 힐라스와 린다 우드헤드는 영국 북서부의 종교적 · 영적 태도를 연구한 결과, '통합적 영성'이 현대의 필요에 더 잘 맞기 때문에 일종의 진화 과정에서 종교를 대체하고 있다고 결론지었다. 이러한 주체적 전환은 영적 경험과 수행에 대한 다양한 접근법을 낳았다.

학문 분야로서 영성은 신학과 종교학을 넘어 철학, 심리학, 미학, 젠더연구, 특히 영성과 가장 멀게 여겨졌던 과학에서까지 점점 넓은 자리를 차지한다. 철학의 목표가 삶의 기술을 함양하고 인간 존재를 전환하는 것피에르 아도의 『삶의 방식으로서의 철학』이라고 할 때 영성은 철학의 중심이 된다. 심리학은 인간 발달을 영적 발전으로 바라보며 심리치료에서 상담자가 내담자와 맺는 관계를 종교에서 이뤄졌던 영적 인도의 대체물로 간주한다. 미학은 감각을 통해 실재를 이해한다는 학문의 목적 자체부터 영적이다. '미'는 단순히 매력적인 게 아니라 신성, 진실, 통합과 관련된 것, 즉 숭고함과 관련이 있다고 본다. 젠더연구 중에서도 에코 페미니즘은 여성과 자연의 영성을 포용해 창의적으로 주체성을 재구성한다.

현대 과학의 패러다임 전환은 신비를 과학 연구의 일부로 끌어들였다. 신비란 과학이 제쳐놓은 별도의 영역이 아니라 아직 규명되지 않은 합리성으로서 과학에 열려 있다. 최고 수준의 과학자들은 확실성을 거부하며 계속 확대되는 지식과 새로운 이론의 등장에 응답한다는 자세로 임한다. 자연의 짜임새에 대한 증가하는 지식—무수한 형식의 생명, 매혹적인 진화적 발전의 패턴, 모든 것을 함께 연결하는 역동적인 과정—은 종교와 상관없이 많은 이들에게 영적 태도를 불러일으킨다.

영성은 학문과 이론의 영역뿐만 아니라 현실사회와 직업 세계의 여러 영역과 결합함으로써 가치를 재발견하고 실천 방식에 변화를 불러온다. 보건의료, 예술, 스포츠, 도시계획, 경제 그리고 옷 · 음식 · 여행 등 일상생활 전반에 걸쳐 영적인 변화가 감지된다. 보건의료에서 영성은 질병의 개념과 치유 과정을 재구성한다. 환자를 단순한 임상적 증상이 아닌 유기체의 관점에서 바라보고 심리적 측면을 돌봄으로써 회복이나 불치의 고통에 대응한다.

예술이 영성과 결합하는 사례는 흔히 볼 수 있다. 그림이나 음악, 문학 장르에서 특히 시는 영성을 불러일으키고 정신을 치유한다. 스포츠에서 영성은 선수들이 훈련과 일상생활을 하는 가운데 엄격한 금욕주의를 통해 실천한다. 또 산악 등반, 황야 하이킹, 크로스컨트리 스키 등 자연 스포츠에서는 광대한 연결의 감각인 자기 초월성을 경험하며 '스포츠 정신'현대 올림픽이 재등장하면서 religio athlete로 불렸던 것에도 영적 추구가 담겨 있다. 도시계획은 유럽의 대성당 건축이나 동양의 풍수지리처럼 우주와 자연의 질서를 재현함으로써 영성을 불러일으키는 방식으로 이뤄진다. 과거 종교의식이던 성지 순례는 거룩한 장소를 찾아가는 치유 여행으로 변모한다.

영성을 경영이나 사업과 연관시키는 것은 영성의 세속화와 관련, 급진적인 변화를 보여준다. 이는 일이 갖는 영적 가치를 회복함으로써 삶의 목적과 의미를 찾으려고 한다. 즉, 일터에서 영성을 찾는 현상의 핵심은 순전히 실용적인 필요 때문에 일하고 돈을 버는 게 아니라 그것이 소명이라는 생각을 회복하겠다는 의도가 있다. 사업장에서의 영성은 개인과 기업의 청렴도를 높이고 명확한 가치 체계를 개발하며 노동자의 전체성에 적절한 관심을 기울이는 등의 윤리적 접근을 시도한다.

나아가 '성스러운 경제학'은 이기적 인간 대신 이타적 인간을 전제하며 교환과 축적이 아닌, 선물에 기초한 경제를 구성한다. 소비를 자제하는 '영성과 검소함의 경제학'도 등장했다. 글로벌 경제위기에 대응하는 과정에서 만들어진 유럽의 SPESSpirituality in Economics and Society라는 단체는 어떻게 하면 검소함의 개념을 사적 · 공적 덕목으로 다시 도입할 수 있을지, 그것이 경제생활에 새롭게 접근하는 데 어떤 영향을 미칠지, 사업의 지속가능성 · 소비 윤리 · 사회정의와 어떻게 연관 지을지를 모색한다.

인간은 생물학 그 이상의 존재

전반적으로 영성은 평평해졌다. 과거처럼 종교에 종속된 요소로서의 영성은 신이나 초월적 존재와의 수직적 관계에 집중했으나 현대의 세속화된 영성은 개인이 추구하는 가치와 수행 방식을 중심에 두고영성의 주체적 전환 보다 좋은 삶을 도모한다. 금욕적 수행보다는 능동적 실천에 초점을 맞추고, 특별히 신비한 경험보다는 사회적 실용성에 무게가 실린다. 종교라는 울타리를 넘어 사회 전반으로 퍼져 나간 영성은 현대세계의 경향성에 맞춰 인본주의로 선회했다. 영성은 평등하고 반권위주의적으로 바뀌었으며 영성을 추구하는 사람들은 전통적인 종교의 인도를 벗어나서 스스로 수행 방식을 선택한다. 이런 변화는 세속의 관점에서 보면 '탈종교적'이며 종교의 관점에서 보면 '초종교적'이다.

영성의 인본주의적 전환이라는 관점에서 볼 때, 일상생활과 결합한 능동적-실용적 영성은 과거의 금욕적-신비적 영성보다 훨씬 접근하기 쉽다. 영성은 일상의 실존 한가운데서 초월성을 찾는 것이라고 강조하기 때문에, 특별한 삶의 방식에 헌신하거나 집중적인 관상 수행에 시간을 바치는 집단만이 아니라 모든 이들에게 열려 있다. 능동적-실용적 영성은 가족, 직장 또는 어떤 사회적 맥락이든 관계없이 일상적인 경험, 헌신, 활동이라는 매개를 통해 영적 의미와 지향을 찾고자 한다. 이런 영성은 즉각적인 것을 넘어 삶에 대한 더 큰 주의력을 기르고, 전체론적 생활방식을 추구하며, 자기중심적인 쾌락이나 물질적인 성공을 뛰어넘는 행복을 찾는 데 영적 수행을 활용한다.

그러나 전통 종교와의 연관이 희미해진 영성, 이른바 SBNRSpiritual But Not Religious, 영적이지만 종교적이지 않은 현상에 대해 비판적인 시선도 있다. '영적 전통'이란 단순히 영적 수행법이라기보다는 정립된 이론에 가깝다. 그래서 현대의 영적 구도자들이 다른 종교나 전통에서 내려온 수행법을 활용하면서 그 수행법의 배경이 되는 신앙체계나 영적 이론을 무시할 때는 진정성이라는 흥미로운 문제를 일으킨다. 심리학, 심리치료 같은 전문 분야에서 불교의 윤리적 · 종교적 배경을 전혀 언급하지 않은 채 '마음챙김 명상'을 권장하는 방식에서 이런 문제를 볼 수 있다.

종교와 영성을 분리하는 데는 두 가지 문제가 있다. 첫째, 현대의 영성은 '좋은 삶'이라는 막연한 가치를 추구하지만 모든 좋음은 암묵적일지라도 어떤 종류의 세계관을 갖고 있다. 현대적 형식의 영성이 전통 종교를 비판하면서 스스로 대체 종교가 될 때 그 세계관의 진정성을 보장하기 어렵다. 힌두교의 배경 없는 요가 수행, 불교의 배경 없는 마음챙김 명상, 기독교의 배경 없는 성지 순례 등은 웰빙이란 이름으로 포장된 소비주의로 빠지기 쉽다. 둘째, 영성이 종교를 비판하거나 최소한 종교에 무관심할 때 그 '종교'는 교리, 성직자, 권위주의, 재산 등 좁고 가시적인 의미로 환원된다. 그러나 종교는 제도로 화석화하기 이전에 다양하고 치열한 영적 전통과 지혜를 만들어 냈으며 특히 현대의 영성이 크게 상관하지 않는 선악의 판단 기준을 갖고 있다. 따라서 종교적 배경을 지운 영성은 자칫 쾌적하거나 자기중심적인 길로 빠질 위험이 있다.

그러나 다른 의견도 가능하다. 민주화되고 평평해진 영성은 물질문화의 극단에서 채워지지 않는 삶의 공허를 느끼며 다시금 가치와 행복을 추구하려는 현대인들에게 '좋은 삶'의 문턱을 낮추었다. 대개 종교에서 비롯된 전통문화와 의례가 사라지면서 빈곤하고 무미건조해진 일상에서 초월적 믿음이 사라진 세계에 대해 질문하도록 만들고, 자신의 처지에 맞는 수행 방식명상하기, 감사하기, 식물과 관계 맺기, 자연과 연결되기, 의례에 연결되기, 노래하기, 성지 순례하기을 선택함으로써 삶의 형식과 의미, 즐거움을 되찾도록 해준다. 현실사회와 직업 세계 전반에 걸쳐 영성이 결합하는 추세는 문명의 회전축이 바뀌는 증거이기도 하다. 과학과 이성의 시대가 지나가고 신비와 영성의 시대가 도래하는 것이다.

영성은 "인간은 생물학 그 이상의 존재"임을 보여준다. 지구에 출현한 생명이 진화에 진화를 거듭한 끝에 탄생한 인간은 '우주의 마음'으로 일컬어진다. 단순히 생명을 영위하거나 감각을 만족시키는 데 그치지 않고 삶의 의미와 가치를 질문하며, 나아가 자신을 둘러싼 더 큰 세계와의 접속과 통합을 추구한다. 존재자로서 자신을 정화하고 초월적 존재에 헌신함으로써 인간의 한계를 뛰어넘는 능력과 지혜를 얻고자 하며, 그런 지혜를 삶의 원리로 삼아서 좀 더 성숙한 인간이 되고자 노력한다. 그렇기에 영성은 인간의 육체적 · 정신적 · 심리적 측면을 포함하면서도 이 전체를 통합해 주는 가장 풍부한 인간성의 표현이다. 자신을 넘어선 초월적 존재로부터 얻는 자양분을 통해 생명과 삶을 기를 수 있다는 믿음과 염원은 인간을 더욱 선하고 강인하게 해준다. 그리고 얽매임 없는 자유와 자비로운 사랑, 궁극적인 평화를 선물한다.

영성은 또한 고립된 개인에서 벗어나 연결된 존재로서 인간을 바라볼 수 있게 해준다. 인간의 온전한 삶이란 자아 몰입이나 자기만족을 넘어 다른 존재와 맺어진 필연적인 관계를 깨달음으로써 가능하다는 사실을 알려준다. 우리가 경험하는 신비를 개인적 삶의 방식으로 제한하기보다는 사회에서의 행동으로 표현하는 데 필요한 창조성과 상상력을 제공해 주는 것도 영성의 몫이다. 개인화된 영성을 넘어 사회적 삶을 더 좋은 방향으로 이끌고 공공의 행위와 권력의 사용에서 정의를 질문하는 영성은 좋은 공동체를 만들고 공공선을 추구하는 종교의 목적과도 통한다.

물질주의의 극단에서 기후생태 위기와 정신적인 공황 상태에 직면한 인류가 다시 영성의 세계로 회귀하는 이유이기도 하다. 전통 종교가 위축된 가운데 모습을 드러낸 현대적 영성의 행로를 관심 있게 지켜볼 수밖에 없다.

한윤정

생태전환 매거진 <바람과 물>의 편집인을 맡고 있다. 경향신문 사회부·경제부·문화부 기자와 문화부 데스크로 25년간 일했으며 관훈클럽 임원, 한국여기자협회 이사를 지냈다. 미국 클레어몬트 신학대학원 과정사상연구소 방문학자, 미국 생태문명원 한국프로젝트 공동 디렉터로 3년간 활동했다. 저서로는 『명작을 읽을 권리』, 『집이 사람이다』가 있으며, 편역서로 『지구를 구하는 열 가지 생각』, 『헬로 코리아』, 『생태문명 선언』 등이 있다.

고독과 공존의 사이에서

| **강용수** 고려대 철학연구소 연구원

독일의 염세주의 철학자 쇼펜하우어는 고독의 중요성을 강조했던 것으로 잘 알려졌다. 그래서 타인에게 상처받지 않으려면 혼자서 살아야 한다는 격언은 오늘날 고립된 삶을 경험한 우리에게 큰 울림으로 다가온다. 코로나 팬데믹을 거치면서 우리의 삶에 큰 변화가 생겨났는데, 특히 MZ세대는 예전의 전통적인 방식과는 다르게 타인과 관계를 맺고 있다. MZ세대는 전염병을 막기 위해 부득이한 비대면 방식으로 강화된 사회적 단절과 고립을 경험하면서 타인과 교제할 때 생기는 고통에 대한 면역력도 떨어졌다. 고립이 일상화된 것이다.

쇼펜하우어는 고독과 고립을 구분한다. 고독이 자신을 온전히 들여다볼 수 있는 생산적인 자기성찰의 시간이라면 고립은 상처받아 현실에서 도피하는 비자발적인 행위다. 고독이 갖는 건강한 힘을 확신했던 쇼펜하우어도 고립은 피하고자 했다. 그의 70세 생일날은 전 세계의 축하 속에서 성대하게 이루어졌기 때문이다.

이 글은 쇼펜하우어의 철학에서 혼동하기 쉬운 자발적 고독과 비자발적 고립을 구별하고, 인간관계에서 중요한 거리두기의 의미를 되짚어 보고자 한다. 쇼펜하우어의 염세주의는 인간관계를 완전히 거부하는 것이 아니라 인간에게 지혜롭게 다가가는 방법을 알려준다.

공존을 위해 필요한 적당한 거리 찾기

인간관계에서 느끼는 고통과 관련해 쇼펜하우어의 책에는 두 가지 비유가 있다. 하나는 유명한 '고슴도치'이며 다른 하나는 '불'이다. 날씨가 추워지면 고슴도치는 얼어 죽지 않기 위해 상대방에게 다가간다. 타인의 체온이 필요하기 때문이다. 그러나 너무 가까이 다가가면 가시는 남을 찔러 고통을 준다. 그래서 고슴도치들은 너무 가까이도 너무 멀지도 않은 적당한 거리를 찾았다고 한다. 또한 날씨가 추워지면 사람들은 불을 쬐게 되는데, 너무 가까이 하면 화상을 입게 되므로 적당한 거리가 필요하게 된다. 이 두 가지 비유에서 보면 인간은 혼자 지내면 추위에 생명을 위협받지만, 많은 사람과 지내도 스트레스를 받게 된다. 양극단을 피해서 중간에서 중심을 잡아야 한다.

이렇듯 고독과 사교성은 인간의 양면성을 보여준다. 쇼펜하우어는 '인간의 모든 불행은 혼자 있지 못하는 데서 생긴다'고 말한다. 내면이 공허하거나 따분함에 고독을 견디지 못하는 사람은 다른 사람들을 만나고 싶은 욕망이 자연스레 생겨난다. 사람들을 만나서 대화를 나누다 보면 서로 위안이 된다. 친밀한 사이일수록 자신의 비밀을 털어놓을 정도로 서로 의존하게 된다. 그러다가 돈 자랑, 집 자랑, 자식 자랑 등으로 이어지는 대화는 남에게 상대적인 박탈감을 주기도 한다.

고독과 사교성은 '시계추'에도 비유할 수 있다. 시계추는 결핍과 과잉 양극단 사이를 계속 움직이고 있다. 비유하자면 친구가 없는 왼쪽이 고독이지만 친구가 너무 많은 오른쪽은 피곤하다. 따라서 쇼펜하우어는 결핍에서 만족으로 넘어가는 순간이 바로 행복의 핵심이라고 말한다. 몇 명의 좋은 친구면 충분하고 행복의 핵심인 마음의 평온을 얻기 위해서 불필요한 인간관계를 정리해야 된다.

MZ세대는 최근 유튜브나 SNS를 통해 좋은 집한강뷰, 외제차, 화려한 인맥 등을 보면서 자신의 처지를 한탄하는 일이 많다고 한다. 이렇게 타인과 비교하면서 생겨나는 질투심, 불행감 때문에 자신을 '벼락거지', '모태 솔로'라고 비하하면서 스스로 고립되는 일이 많다.

그러나 쇼펜하우어가 고슴도치의 우화에서 말하고자 하는 것은 '은둔형 외톨이'를 옹호하는 것이 아니라 타인에게 다가서기 위해서는 자신의 가시를 눕혀야 한다는 점이다. 즉 타인에게 '예의와 정중함'을 갖춰야 한다. 가족이든, 부모든, 사회에서도 남에게 상처가 주는 말들을 경계해야 한다. 친하다는 이유로 선을 넘는 발언을 해서 마음에 깊은 고통을 남겨서는 안 된다는 것이다.

은둔형 외톨이와 같은 비자발적인 고립과는 달리 고독은 내가 누구인지 들여다볼 기회를 가져다준다. 나는 나 자신에게만 비밀을 털어놓을 수 있다. 타인의 거울에 비치는 모습이 아니라 내가 자신의 눈으로 들여다보는 '나다움'What I am이 중요하다.

자존감 되찾기

타인의 관계에서 가장 경계해야 할 점은 바로 '허영심'이다. 쇼펜하우어에 따르면 인간의 행복을 이루는 것은 세 가지다. 즉 명예명성, 부 그리고 내 안의 인격나다움이다. 이 가운데 명예는 남이 나를 어떻게 평가하느냐에 좌우된다. MZ세대는 SNS 등 인터넷의 매체를 활용하여 남에게 자신을 더 가치 있게 보여주려고 한다. 즉, 남의 시선에서 자신을 평가하다 보니 거짓된 모습을 보이거나 자신을 더욱 과장하게 된다. 이러한 자신을 지나치게 돋보이려는 행위는 남의 마음에 가시가 되기도 한다.

허영심이 많다는 것은 역설적으로 자신의 열등감을 인정하는 것이다. 진짜 부자들은 굳이 자신이 돈을 많이 갖고 있다고 자랑하지 않지만, 가짜 부자들은 자신의 부를 자랑하고 싶어 탕진하고 낭비한다. 남에게 잘 보이기 위해 만든 가짜 이미지는 언젠가 깨어지기 마련이다. 겉만 번지르르한 것에 속는 사람은 드물다.

또한 우리가 그렇게 잘 보이려고 하는 타인의 마음은 이기적이고 편협하고 왜곡된 경우가 많다. 그들도 우리처럼 타인의 삶이나 운명에 그렇게 관심이 많지 않다. 쇼펜하우어는 남에게서 좋은 평가를 받으려는 '자존감'의 바탕에는 '허영심'이 자리 잡고 있다고 한다. 남의 환심을 사서 출세하려는 사람에게는 자신의 실재보다 더 잘 보이려는 거짓된 욕망이 작용한다는 것이다. 결국 남의 시선에 갇혀 평생을 살다 보면 남의 말 하나하나에 상처를 받기 마련이다. 자존감이 상하는 일이 많다.

따라서 돈이나 재물, 재산을 자랑하는 일을 경계해야 한다. 쇼펜하우어는 인간에게 돈이 '공기'처럼 필요한 것을 인정하면서도 그것에 대한 욕망은 끝이 없다는 점을 분명히 한다. 마치 바닷물을 마신 후의 갈증처럼 돈에 대한 욕망은 무한대이므로 결코 채워질 수 없다는 것이다. 가난한 사람은 궁핍함에 고통받지만, 부자는 돈의 가치를 모르고 따분함으로 고통

을 받게 된다고 한다. 하루 종일 노동하다가 지쳐서 잠이 드는 사람이 있는가 하면, 다른 쪽에서는 골프를 치다가 지겨워서 한숨을 쉬는 사람이 있다. 따라서 돈, 아파트, 명품 등으로 자신을 과시하는 것은 가짜 행복이며 남에게 상대적인 박탈감만 가져다줄 뿐이다.

이렇게 남이 보여주는 것에 상처받지 않기 위해서는 '질투심'을 갖지 말아야 한다. 질투심은 자신과 남을 비교하여 생겨나는 상대적인 감정이다. '사촌이 땅을 사면 배가 아프다'는 속담이 있는 우리나라 사람만 시기심과 질투심이 있는 것은 아니다. 미국의 정치철학자인 존 롤스의 『정의론』에서도 자유경쟁에는 늘 시기심이 생겨나기 때문에 이것을 조정할 수 있는 정치적인 제도가 필요하다고 말한다.

자신에게 당당한 삶

우리는 어릴 때부터 남의 시선과 평가에 너무 얽매여 있다. 학교에서는 선생님, 직장에서는 상사 등 평가하는 점수에 너무 연연하다 보니 평생 눈치만 보고 살게 된다. 100점과 1등이 중요한 것이 아니라 내가 나에 대해 내리는 평가다. 진정하게 중요한 것은 내가 바라보는 나 자신의 모습이다. 그것은 밖에서 얻어지는 것이 아니라 나 안에 이미 들어 있는 인격이다.

쇼펜하우어는 얼마나 '소유'했는지 중요하지 않고 '타인의 평가'도 중요하지 않다고 말한다. 오히려 나 자신이 어떤 사람인지가 중요하다는 것이다. 이러한 인격에는 건강, 성격, 지성 등 많은 것이 이미 포함되어 있다.

과시와 자랑을 통해 남에게서 얻으려는 자존감이 100점이라면 나의 자긍심은 79~80점이면 충분하다. 나답게 사는 것은 자신만의 개성을 찾는 일이다. 그 과정은 혼자서가 아니라 다른 사람과 함께 하면서 많은 시행착오를 거쳐야 한다. 남에게 호감 가는 사람이 되려고 노력하면 할수록 상처를 받을 일이 많게 된다.

미디어의 발달로 MZ세대는 실시간으로 보이는 영상에 민감하게 반응할 수밖에 없다. 쇼펜하우어 시대와 비교하면 많은 변화가 있지만 인간이 타인에 대해 갖춰야 할 태도에는 변함이 없다. '적당한 거리'를 통해 서로 상처를 주거나 받지 않는 지혜를 고슴도치에게서 배워야 한다는 것이다. '정신적 온기'를 충분히 지닌 사람만이 고독이라는 겨울에 얼어 죽지 않고 살아남을 수 있지만, 쇼펜하우어도 타인의 온기가 늘 필요했다. 쇼펜하우어는 4명의 여성과 사귀었고 친구도 적지 않았으며 갈등은 있었지만, 늘 가족의 울타리 안에서 살아갔다.

쇼펜하우어 철학은 오래전부터 인기를 끌던 분야였다. 다만, 그가 말했던 자살, 고독, 연애, 결혼 등에 대해서는 오해된 부분이 많다. 쇼펜하우어는 은둔형 외톨이가 아니라 현실을 긍정하는 낙관적인 생각을 했다. 늘 많은 사람과 함께 했으며 그것을 통해 공존에 필요한 온기를 느낄 수 있었다.

추운 겨울에 자신의 온기만으로 살 수 있는 사람은 드물다. 쇼펜하우어도 실패했다. 타인의 '정신적인 체온'을 얻기 위해서는 타인에게 다가설 때 가시를 눕힌다는 사실에 주목할 필요가 있다. 가시가 없는 얼굴을 맞대면서 공존의 지혜를 발휘한다는 것이다.

우리는 타인에게 상처가 되는 일은 하지 말아야 하며 타인에게 상처받지 않도록 노력해야 한다. 자신이 가진 것을 애써 보여주려고 하지 말고, 타인에게 호의와 지지를 받으려 애쓰지 말며, 자신이 어떤 사람인지 되짚어봐야 한다.

타인에게 온기를 주려면 나 자신도 충분한 온기를 지녀야 한다. 그것이 쇼펜하우어가 말한 '동정'연민의 윤리다. 작은 고통은 우리의 마음을 닫게 하지만 큰 고통은 우리의 마음을 연다. 손톱 밑의 가시는 나만 느끼는 고통이지만 인간이 어떻게 할 수 없는 큰 재난이나 사고는 우리의 이기심을 넘어 타인에 대한 보편적인 사랑을 가져온다. 쇼펜하우어는 고독보다 사교성의 가치를 더 높게 평가한 철학자다. 쇼펜하우어는 늘 자신의 책이 잘 팔리기를 기대했고 말년에 모든 것을 가짐으로써 진정한 인생의 승자가 되었기 때문이다.

강용수

고려대학교 철학연구소 연구원으로 강의를 하고 있다. 고려대학교 학부와 대학원에서 서양 철학을 전공하여 석사 학위를 받고, 독일 뷔르츠부르크 대학에서 박사 학위를 받았다. 저서로는 『마흔에 읽는 쇼펜하우어』를 비롯해 『니체 작품의 재구성』, 니체의 『도덕의 계보 읽기』, 『Nietzsches Kulturphilosophie』, 『쇼펜하우어가 들려주는 의지 이야기』등이 있으며, 역서로 『유고(1876년~1877/78년 겨울)』『유고(1978년 봄~1879년 11월)』가 있다.

나를 대하는 나의 태도:
미셸 푸코의 '자기의 테크놀로지'

| **허경** 철학학교 혜윰 교장

<아티스트를 위한 글쓰기>라는 제명이 달린 나의 글쓰기 수업에는 수업 전에 다른 사람이 쓴 글에 감상평을 댓글로 남기는 과제가 있었다. 최근에는 이를 확장하여 자기 글에 대해서도 '마치 남의 글인 것처럼' 댓글 감상 달기를 추가하기도 했다. '자신의 작업을 거리 두고 바라보자'는 취지에서 시작된 이 작업은 '자신이 글을 쓴 감상'이 아니다. 그 목적 또한 글을 쓴 '과거의 나'라는 '남'의 글을 아마도 사실상의 '유일한 나'라 할 오늘의 내가 바라봄으로써 자기 거리두기 능력을 획득하자는 취지다.

그런데 이를 진행하다가 '묘한' 현상 하나를 발견했다. 자신의 글에 다는 댓글 중 상당수가 '매우 가혹한' 내용을 담고 있다는 사실이었다. 전체 인원의 70%가 '다른 사람의 글에 대해서라면 도저히 달 수 없는 내용으로 자신을 평가하고 있던 것이다. 가혹한 '자기 평가'는 사실 쉽게 이해 가능한 현상일 수도 있다. 혼자 살 수 없는 '사회적 동물'인 우리는 타인의 글에 대해서는 '있는 그대로'의 사실, 적어도 '진짜 내 생각'을 직선적으로 적을 수 있다는 것이다. 이는 불가피하게 취할 수밖에 없는 좋고 나쁜 의미의 사회적 고려를 배제함을 의미한다. 그리고 자신의 글에 대한 너무 '지나치게' 가혹한 평가를 적은 나 자신이 나의 글을 읽고 그 어떤 큰 상처를 받지도 않는다. 내가 나의 글에 대해 적은 것이기 때문이다. 나는 이런 현상을 보고 보통은 댓글에 이렇게 적는다.

"남에게 할 수 없는 말은 자신에게도 하지 않아야 합니다. 자신에 대해 지나치게 관대한 것만큼이나 자신에 대해 지나치게 가혹한 것 역시, 뒤집힌 형식이라고는 하지만, 여전히 자기를 중심으로 모든 것이 회전하는 사고방식입니다. 자신의 글에 대해서도 남의 글에 대해서처럼 평심平心한 마음으로 그저 담담히, 그리고 무엇보다도 공정히 적어보세요."

작가의 탄생, 또는 우리는 이렇게 '작가'가 되어 간다

그리고, 어떻게 생각하면 놀랍게도, 대부분의 '작가들'은 이런 댓글을 받자마자 바로 다음부터는 자신의 글에 대해 지나치게 가혹한 댓글이 아니라, 그저 나의 글도 남의 글처럼, 평심하게, 공정하게 바라보는 댓글을 달고자 노력한다.

스무 살 대학 시절 에리히 프롬의 책을 읽다가 '자기를 사랑한다'는 개념을 마주하게 되었다. 자기를 사랑한다? 아마 이런 생각을 처음 접한 것은 『사랑의 기술』*The Art Of Loving*, 1956에서였던 것 같은데, 당시 갓 스물의 나로서는 정말 '생각도 못 해본 말'이었다. 나를 사랑하는 것은 그냥 '이기주의'가 아닌가? 나는 당시까지만 해도 세상에는 자기밖에 모르는 이기주의와 남들만을 위하는 자기희생만이 존재하는 줄 알았다. 이 모든 것은 개념의 혼동에 따르는 오류였다. 소크라테스가 말하는 지혜사랑philosophia, 철학함, 곧 개념과 논리에 대한 검토examination가 필요한 시간이었다. 과연 이기주의도 자기희생도 아닌, 나를 사랑하는 일이 가능한 것일까? 우리는 이런 현상과 사실들 앞에서 무엇을 생각해 볼 수 있을까?

나에게 가혹한 사람은 남에게도 가혹하다

우선, 자기에게 '남에게는 도저히 할 수 없을' 가혹한 말을 던지는 사람이나 자신을 공평하게 대해주지 않는 사람 중 어떤 사람은 자기혐오에 빠져 있을 수 있다. 나 역시 자기혐오에 빠진 적이 있었다. 그리고 그 길고도 길었던 자기혐오의 시기를 빠져나오면서 깨달은 것은 자기혐오의 초점이 '혐오'가 아닌, '자기'에 놓여 있다는 사실이었다. 자기혐오는 자기중심적 사고, 곧 나르시시즘의 뒤집힌 형식일 뿐이다. 자기혐오는 나르시시즘의 또 다른 극단적 형태이다.

한편, 이와 거의 비슷한 맥락에서, 어릴 적부터 내가 들어온 말 중 '알고 보니 이건 틀린 생각이구나'라고 생각하게 된 말이 하나 있다물론 이런 문제에 '정답' 따위는 있을 수 없고, 다만 각자의 '의견'만이 있을 뿐이지만. "남에게는 관대하게 나에게는 엄격하게." 이 말은 지향의 차원에서 일정한 유용성을 갖고 있으나, 사실의 차원에서는 근본적으로 인식론적 오류라고 보아야 한다. 내가 나를 대하는 태도와 내가 타인을 대하는 태도는 불가피하게 동시적 · 상관적으로 연동되어 있다.

더욱이 에리히 프롬이 『자기를 찾는 인간』*Man For Himself*, 1947에서 이야기한 것처럼, 자기를 사랑하지 않는 사람은 타인도 사랑할 수 없다고 했다. 프롬은 "이기주의자는 자신만을 사랑하고, 남들은 사랑하지 않는다."는 말을 거론하면서, 이 말의 뒷부분은 맞지만, 앞부분은 틀렸다고 말한다. 이기주의자는 타인들을 사랑하거나 배려하지 않는다. 동시에 자신도 사랑하지 못한다. 플라톤이 대화편 『국가 · 정체(政體)』*Politeia*에서 소크라테스의 입을 빌려 말하고 있듯이, 자신이 원하는 것을 다 해주는 사람은 자신을 '사랑하는' 사람일까? 아이가 원하는 대로 밥 대신 사탕만 먹이는 사람은 그 아이를 '사랑하는' 사람일까? 물론 전혀 아니다. 이는 미국의 개념미술가 제니 홀저의 작업처럼 〈내가 원하는 것으로부터 나를 보호해 주세요.〉Protect Me From What I Want, 1999라고 말해야 하는 상황과 같다. 프롬이 펼치는 이러한 주장의 기본 논거는 스피노자의 역능*力能*, potentia 개념에 입각한 것이다. 쉽게 말해, 사랑은 능력이므로, 의지가 있다고 실현 가능한 것이 아니며, 반드시 '사랑을 할 수 있는 능력'을 가진 사람만이 사랑을 할 수 있다는 말이다. 따라서, 이기주의는 남들은 물론 자기 자신조차 사랑하지 못하는 사람이다. 사랑은 의지의 문제인 만큼이나, 또한 능력의 문제이기 때문이다.

사랑과 이해처럼, 너그러움은 능력이다

나는 나를 대하는 나 자신의 태도 또한 이와 동일한 논리로 바라볼 수 있다. 자신에게 너그러운 사람만이 타인에게도 너그러울 수 있다. 너그러움 역시 의지인 만큼이나 중요한 '능력'에 해당된다. 니체의 말대로, 인간은 오직 타인의 '내로남불'만을 보는 경향이 있으므로, 나 자신에게 조금은 엄격하고 타인에게는 관대한 눈길을 갖고자 하는 지향을 갖는 것은 물론 바람직한 일이라고 말했다. 누구에게도 너그러울 능력이 없는 자가 '나에게는 엄격하고 남에게는 너그럽게' 대한다는 것은 어불성설이다. 이런 능력이 결여되어 있을 때 '남에게 너그럽게'라는 말은 사실상 기껏해야 '남에게 너그럽게 대하려는 의도는 갖고 있었다'는 정도로 이해되어야 할 것이다. 사실, 알랭 바디우의 말처럼 "우리는 오직 너그러울 수 있는 능력과 너그럽지 않을 수 있는 능력을 함께 가진 자만이 너그러울(또는 너그럽지 않을) 수 있다."라고 할 수 있을 것이다. 따라서 자신의 글을 너그럽게 바라보아 줄 능력이 없는 사람이 타인의 글을 너그럽게 바라볼 수 있을 리 만무하다.

세 가지 관계 맺음

내가 공부한 미셸 푸코Michel Foucault, 1926-1984라는 프랑스의 사상가는 개인이 무엇인가와 맺을 수 있는 관계의 대상 혹은 영역을 세 가지로 구분했다. 나 자신, 타인들, 그리고 (인간이 아닌) 세계 또는 지식과 맺는 관계가 그것인데, 푸코가 실제로 수행한 연구의 순서는 거꾸로, 곧 세계, 타인들 그리고 나 자신의 순서로 되어 있다.

1) 지식: 세계 혹은 세계에 대한 지식과 맺는 관계

우선, '세계'와의 관계, 보다 정확히는 세계에 대한 '지식'으로서 우리에게 나타나는 관계가 있다. 이는 "내가 나를 무엇으로 부르는가."와 같은 질문과 관련되어 있다. 누군가가 내게 당신은 누구이고, 무엇을 하는 사람이냐와 같은 질문을 던지고 "나는 미영이 엄마예요, 나는 ○○ 김씨 ○○공파 18대손이에요." 같은 대답을 한다면, 당신은 자신의 존재 규정, 정체성의 규정을 미영이를 낳은 엄마, 17대손인 우리 아버지의 자식 같은 식으로 수행하고 있다. 다른 질문. 세계의 본질은 무엇일까? 당신이 이렇게 대답한다고 해보자. "세계는 은총이 가득한 세계이지요. 세계는 번뇌와 무명의 고해입니다. 세계는 신자유주의적 경쟁으로 작동하는 세계이고, 사실은 (저의 본심 또는 비밀을 알려드리자면) 가난한 자들은 다 자기가 게을러서 그런 겁니다. 자업자득이니, 동정할 거 하나도 없어요. 혹은, 이 모든 것은 구조적 모순인데, 사회와 역사에 대한 인식의 결여로 이를 개인화, 도덕화, 심리학화, 파편화하여 개인을 탓하는 사람들도 있습니다. 어리석지만 알고 하는 것도 아니니, 짜증은 나지만, 좀 불쌍하게 생각하는 편입니다." 이렇게, 세계를 어떻게 바라보는가, 곧 세계와 세계에 대한 이른바 지식 또는 진리에 따라, 나와 타인과 세계는 모두 전혀 달리 인식된다.

세상을 보는 가장 평범한 기준은 과학으로부터 철학, 경제와 정치, 나아가 음악과 미술을 가로지르는 아름다움의 기준마저도 거의 대부분 서양의 기준을 받아들이고 있다. 이는 자신을 바라보는 방식을 하나의 '보편적 기준'으로 여겨진다. 서양의 가치가 시공을 넘어서는 보편성 자체에 도달한 것 같은 기분이 들기도 한다. 실은, 보편성이라는 개념 자체가 서양의 발명품이기도 하다(서양의 보편성이 보편성 자체일까? 나는 이를 서양 보편성의 보편성 문제라고 부른다. 그리고 이렇게 적어본 나의 질문들이 이 글을 쓰는 나의 세계 인식, 진리 인식이다). 이런 보편성 개념을 부모나 사회, 학교, 국가로 바꾸어 보면 세계에 대한 나의 인식이 얼마나 그리고 어떤 방식으로 자신을 규정짓는지 이해할 수 있게 된다. 서양에서 추구하는 보편성이 인류의 '보편성' 그 자체인 것처럼 간주한다. 가령, 남자의 보편성이 인간의 보편성 자체로 통용되는 것과 같다. 21세기 대한민국에서 대학 정도는 나온 사람이 '보편적인' 사람이라고 여겨진다. 보편적인 것에 포함되지 못한 나머지는 '열등한' 대상으로 간주한다. 비정상은 정상이 되지 못한 '열등한' 비정상이다. 그러나 만약 '비정상'이 지배적 보편성에 의해 '열등한 비정상'으로 낙인찍힌 '정상', 지배당하는 정상이라면? 이처럼, 세계를 바라보는 나의 태도는 타인을 바라보는 나의 태도, 나 자신을 바라보는 나의 태도와 분리 불가능한 방식으로 연결되어 있다.

2) 권력: 타인과의 관계

다음으로 다른 사람들과의 관계가 있다. 만약 나와 타인의 관계에서 상대방을 '가해자'로 규정한다면 나는 분명 '피해자'가 될 것이다. 이때 우리 사이는 분명 '가해자–피해자' 관계가 된다. 내가 상대방을 정상적인 기준으로 규정한다면 아마도 나는 비정상이나 기대에 미치지 못하는 사람으로 여기게 된다. 사투리를 사용하는 내가 상대를 서울사람 곧 표준말을 쓰는 사람으로 규정한다면, 나와 너 모두는 나를 사투리를 쓰는 이, 표준말을 쓰지 않는 이로 규정하게 될 것이다. 곧, 서울말이 표준말이고 나머지 모든 말은 '사투리'가 된다. 서울의 보편성이 대한민국의 기준 자체인 것으로 간주한다.

보편성은 달리 말해, 권력의 문제, 정치적인 문제였다. 이는 권력과 정치적인 것을 새롭게 정의 내리는 문제이자, 나 자신과 타인, 그리고 우리의 사이, 그 사이를 규정하는 지식을 규정하는 문제다. 실로, 개인적인 것이 정치적이다. 너는 기준이 되고 나는 기준과는 다른 무엇, 실은 무언가 열등한 존재로 규정하게 될 것이다. 타인을 바라보는 나의 태도는 나 자신을 바라보는 나의 관계, 그리고 세계를 바라보는 나의 관계와 늘 연결되어 있다.

3) 윤리(자기형성): 자기 자신과의 관계

마지막으로, 자신과의 관계가 있다. 이는 이 글의 주제가 되는 영역인데, 내가 나 자신을 바라보는 태도에 관련된다. 나는 나를 사랑할 수도 있고, 증오할 수도 있으며, 혐오할 수도 있고, 아끼고 위해줄 수도 있고, 무관심하고 가혹할 수도 있다. 사실 우리 대부분은 나에 대해 이 모든 마음 혹은 태도를 동시에 품고 있다. 모순이란 논리에만 존재할 뿐, 현실에는 존재하지 않는다. 이런 면에서 우리 각자가 자기 자신에 대해 갖는 태도는 정도의 차이이며, 강렬함의 차이일 뿐, 대개는 비슷한 상태에 있다. 그러나 그럼에도 불구하고 이 세상에 똑같은 두 명의 사람은 존재하지 않는다. 또 우리가 단일하고 동질적인 '하나'라고 믿는 '나' 자신 안에도 서로 모순되는 무한 가지의 '나들'이 존재한다. 어떤 사람은 자신을 아끼고 위해줄 수도 있고, 어떤 이는 무관심하고 냉혹하게 대할 수도 있고, 어떤 이는 혐오하고 싫어할 수도 있으며, 실은 우리는 모두 이 모든 태도를 동시에 품고 있을 것이다.

나아가, 나는 내가 나 자신을 대해온 역사를 써볼 수도 있을 것이다. 또, 우리는 세계, 타인들, 자기 자신에 대해 맺는 이 모든 관계를 개인이 아닌 국가나 사회 혹은 시대로 바꾸어 생각해 볼 수도 있다. 우리 모두가 개인적 성격과 역사를 갖듯이, 사회도 자신만의 고유한 성격과 역사를 갖는다. 마치 에리히 프롬의 사회적 성격처럼, 모든 개인과 사회는 자기를 대하는 태도, 남들을 대하는 태도, 그리고 양자의 사이를 인식하는 지식 등 모든 측면에서 자신만의 고유한 방식을 갖는다.

수양학과 메타: 수양학

19세기 메이지 지식인들이 선택한 일본어 한자의 조합, 곧 신한어新漢語 哲學테츠가쿠를 오늘 우리말 음가로 읽으면 철학이 된다. 플라톤에 따르면, 소크라테스가 말하는 지혜사랑, 곧 철학 활동이란 주어진 개념과 논리의 타당성을 검토하는 행위 이외의 어떤 것도 아니다. 가령, 오늘 우리가 영성靈性, spirituality을 무엇이라 정의하든, 우리는 이른바 '영성'을 우리가 정의하는 방식, 곧 영성과 관련하여, 나 자신, 타인들, 그리고 영성을 정의하는 방식에 따라, 전혀 다른 나와 타인과 세계를 발명하게 될 것이다. 이는 수양학은 아니지만, 가령 수양의 이런 방식은 어떻게 수양의 다른 방식을 택할 때와는 또 다른담론적-비담론적 효과를 발생시킬 것이다. 푸코 자신은 이런 탐구의 방법론을 자기의 테크놀로지technology of the self, 주체화subjectivation라고 불렀다. 나는 스스로는 수양학이 아니지만 여타의 수양학을 탐구하는 푸코의 이런 방법론에 메타-수양학이라는 이름을 붙여주었다. 그러나 결국 메타-수양학 역시 또 다른 형태의 수양 방식 중 하나일 테고, 에셔의 〈손을 그리는 손〉1949이 더할 나위 없이 잘 보여주는 것처럼, 궁극적으로 모든 수양은 수행이다cultivation is performance. 들뢰즈의 말처럼, 나와의 관계를 새롭게 설정한다는 것은 달리 말해 새로운 나를 발명한다는 말이다이것이 글쓰기가 '나의 삶과 직업 모두를 바꾸는' 자기의 테크놀로지가 되는 이유이다.

이제, 나는 나와 푸코 수양학의 관계를 다른 어떤 방식이 아니라 바로 이렇게 규정하면서, 이전의 나와도 다른 사람들과도, 다른 나를 발명하게 되었다.

허경

'철학학교 혜윰'의 교장을 맡고 있다. 고려대학교 불어불문과를 졸업하고, 같은 대학 대학원 철학과에서 윤리학·프랑스 철학을 전공하여 「미셸 푸코의 '윤리의 계보학'에 대한 연구」로 석사학위를 받았다. 이후 프랑스 스트라스부르 마르크 블로흐 대학교 철학과의 필립 라쿠라바르트 아래에서 「미셸 푸코와 근/현대성」으로 박사학위를 받았다. 저서로는 『미셸 푸코의 『지식의 고고학』 읽기』, 『미셸 푸코의 『광기의 역사』 읽기』등이 있다.

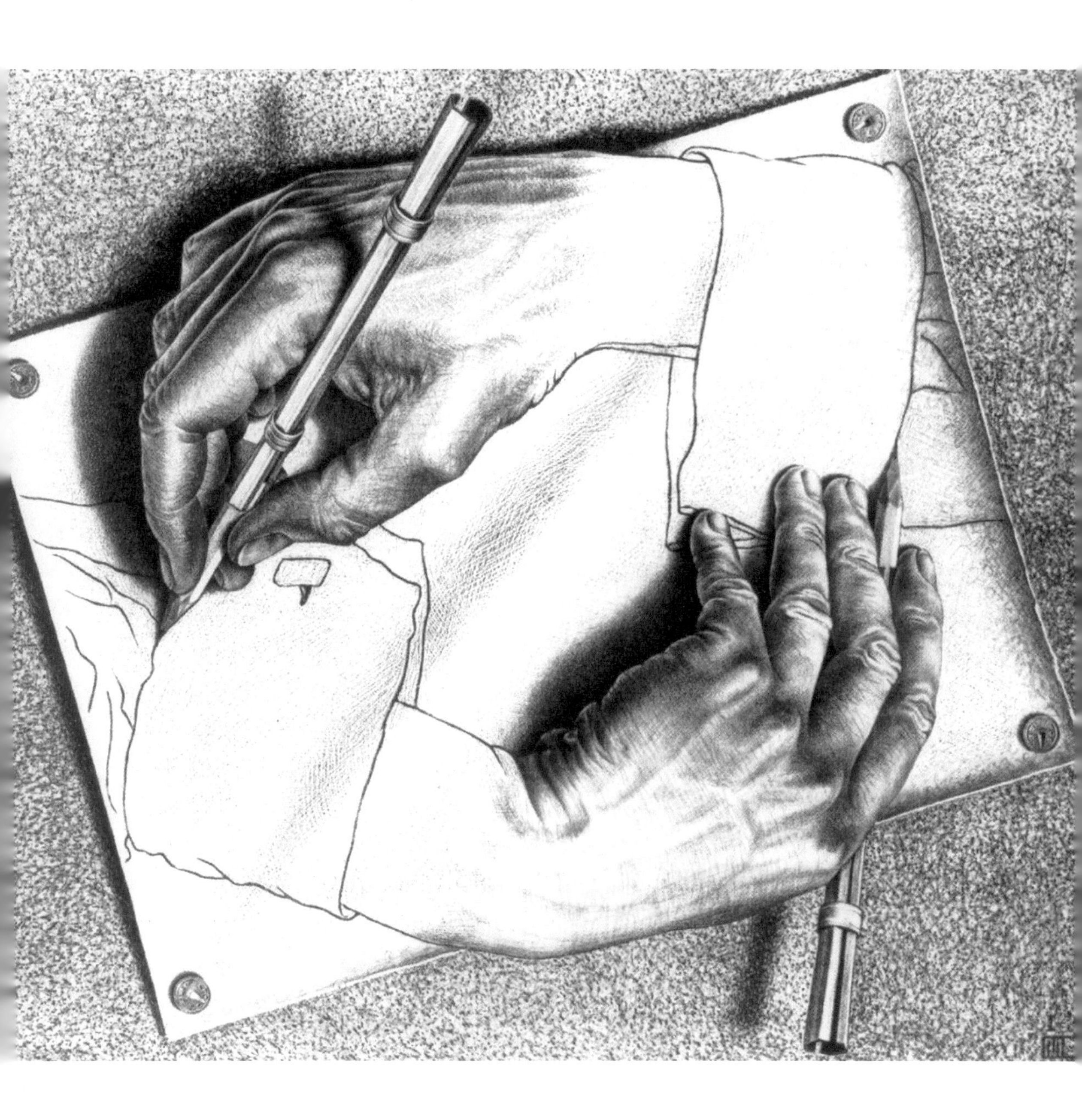

지극히 사적인 심리적 적정거리

| **나진경** 서강대 심리학과 교수

미국 프린스턴 대학교의 신경심리학자 마이클 그라지아노Michael Graziano에 따르면, 우리의 뇌는 신체 주변에 물리적 완충 공간인 개인공간personal space을 계산해 두고 있다고 한다. 개인공간의 가장 중요한 기능은 우리의 몸을 보호하는 것이다. 예를 들어, 뇌가 상황에 맞게 계산해 둔 개인공간으로 벌레 한 마리가 날아 들어오면, 특별히 주의를 기울이지 않고 있었다 하더라도 우리는 반사적으로 몸을 피하거나 손으로 벌레를 쫓아내게 된다.

하지만 개인공간은 반드시 물리적 영역에서만 작동하는 것은 아니다. 사람들 사이에는 적당하다고 생각되는 심리적 거리가 존재하며 누군가가 그 경계선을 넘으면 우리는 무례함과 위협을 느끼게 된다. 따라서 개인이 생각하는 적정한 심리적 개인공간은 그 사람이 언제, 누구와, 어떻게 상호작용을 하는지에 중대한 영향을 끼친다.

그렇다면 어느 정도의 심리적 거리를 적당하다고 판단할까? 여기에는 물론 개인차가 존재한다. 사람마다 적당하다고 생각하는 심리적 거리가 다르기 때문에 사람들 사이의 상호작용은 언제나 쉽지 않다. 또한, 적당한 심리적 거리는 상황에 따라서도 변한다. 사람들은 대부분 아기에게는 다가가려고 하지만, 위협적이거나 무서운 사람으로부터는 멀어지려고 한다.

이와 같은 개인차 및 맥락의 영향에도 불구하고, 심리학자들의 연구에 따르면 어떤 사람의 개인공간의 범위를 결정하는 중요한 요인이 바로 그 사람의 문화적 배경이다. 즉, 어떤 문화적 환경에서 성장했는지에 따라 어느 정도의 심리적 거리가 적절한지에 대한 판단이 달라진다.

문화와 사람들 사이의 적정한 거리

세상에는 다양한 문화가 존재한다. 한국 문화, 미국 문화, 일본 문화 등 나라마다 문화가 다르고 또 한 국가 안에서도 586세대, MZ세대 혹은 강남/강북, 호남/영남처럼 세대와 지역에 따라 한 개인이 성장하고 생활하는 문화적 환경이 달라진다고도 볼 수 있다.

이처럼 여러 수준에 걸쳐 존재하는 문화 차이의 영향을 연구하기 위하여 문화심리학자들은 다양한 이론적 틀을 제시해 왔다. 그중에서 문화와 인간의 심리 과정 사이의 역동적인 관계를 설명하는 가장 영향력 있는 이론적 틀이 Kitayama와 Markus가 제시한 독립적Independent 문화와 상호의존적Interdependent 문화의 구분이다. 독립적 문화와 상호의존적 문화의 핵심적 차이는 사람들이 다른 사람들과의 관계 속에서 자신을 정의하는 방식이다.

서구 유럽과 북미 같은 독립적 문화권에서 사람들은 각각의 사람들을 독립적인 존재로 인식하도록 문화화되지만, 동아시아와 같은 상호의존적 문화권의 사람들은 자신을 다른 사람들과의 관계 속에서 정의하도록 문화화된다. 예를 들어, 자신이 누구인지 정의해보라고 하면 미국인들은 '나는 정직하다', '나는 똑똑하다'처럼 자신의 내재적 속성정직함, 똑똑함에 기반해 자신을 정의하곤 한다.

하지만, 한국인들은 '나는 XX대학교 학생이다', '나는 한국인이다'와 같이 다른 사람들과 공유하고 있는 속성으로 자기를 정의하는 경향을 보인다. 또한 기능성 자기공명영상fMRI을 활용한 연구에서 중국인 참가자들의 뇌는 자기 자신과 어머니를 같은 방식으로 표상하는 반면, 이와 같은 중첩이 서구 참여자들의 뇌에서는 관찰되지 않았다.

이처럼 독립적 문화권과는 달리 상호의존적 문화권에서는 타인의 존재가 자기 개념의 핵심적인 요소이기 때문에 개인공간에 대한 요구도 상대적으로 덜하고 다른 사람들과의 심리적 거리도 가깝게 지각하는 경향을 보인다. 가령, 서구 문화의 아기와 보호자는 면대면 face-to-face으로 보내는 시간이 상대적으로 길지만, 동양 문화의 아기와 보호자는 물리적으로 접촉해서 보내는 시간이 상대적으로 길다고 한다(한국의 포대기를 생각해 보라). 이렇게 성장한 아기들은 각 문화권의 특성을 반영한 심리적 거리를 갖게 된다.

서구권의 사람들보다 동양의 사람들은 중요한 결정을 할 때 다른 사람들의 의견을 더 반영하려고 한다. 또한, 동양 참가자들의 뇌는 자기에게 해가 되는 실수와 친구에게 해가 되는 실수를 구별하지 않지만, 서양 참가자들의 뇌는 자기에 해가 되는 실수에 더 강하게 반응하는 것으로 나타났다. 이처럼 한국과 같은 상호의존적인 문화권에서는 독립적인 문화권에 비해 적절하다고 여겨지는 사람들 사이의 심리적 거리가 상대적으로 가깝다.

만약 친구들이 거리감을 느끼도록 당신이 행동한다면 친구들은 '우리가 남이냐?'며 서운함을 토로하거나, 심지어 '철벽을 친다'라거나 '깍쟁이'라며 당신을 비난할 수도 있을 것이다.

내집단 vs. 외집단

한국과 같은 상호의존적 문화에서는 사람들 사이의 심리적 거리가 상대적으로 가깝다고 해서 언제나 '오지랖'이 허용되는 것은 아니다. 내집단우리과 외집단그들을 엄격하게 구분하는 것이 독립적 문화와는 다른 상호의존적 문화의 중요한 특징이기 때문이다. 즉, 독립적 문화권의 사람들은 누구와도 쉽게 친구가 될 수 있지만, 상호의존적 문화권의 사람들은 중요한 타인과 그렇지 않은 타인을 구분한다.

미국 유학 시절 학회에서 안면이 있는 한국인을 만나면 미국인 동료들이 친구냐고 묻는 경우가 있었다. 그럴 때마다 아는 사람이지만 친구는 아니라고 답하곤 했다. 그러면 미국인 동료들은 늘 내가 그 사람을 싫어한다고 결론지었다.

실제로도 한 조사에서 미국 성인들은 대략 21명의 친구가 있다고 답했지만, 홍콩 성인들은 약 13명의 친구가 있다고 답했다. 종합하면, 독립적 문화권에 비해, 상호의존적 문화권에서 적정하다고 생각되는 사람들 사이의 거리가 더 가깝다고 해도, 그것은 대상에 따라 바뀔 수가 있다. 상호의존적 문화에서 자기 개념에 포함될 정도로 가깝게 여겨지는 타인은 내집단 구성원에 국한되기 때문이다.

더욱이 내집단과 외집단의 구분 자체도 상황에 따라 변할 수 있다. 예를 들어, NC 다이노스 팬인 남녀와 두산 베어스 팬인 남자가 있다고 할 때, 집단의 구분은 그 기준이 성별이냐 응원하는 팀이냐에 따라 달라진다. 그렇기 때문에 상호의존적 문화에서 사람들 사이의 심리적 거리가 비교적 가깝다고 해도, 적절한 거리를 유지하기 위해서는 상황과 맥락을 잘 살피는 '눈치'가 필요하다. 또한, 내집단 구성원 간에는 심리적 거리가 가깝다고 해서 그들 사이의 상호작용이 언제나 편한 것은 아니다. 심리적 거리가 가까운 만큼 그에 따르는 의무와 책임이 있기 때문이다.

즉, 중요한 타인에 대해서는 단지 오지랖을 편하게 부릴 수 있다는 것에 그치지 않고 때에 따라서는 적절한 오지랖을 떨어야 한다. 친한 친구가 고민이 있다면 상황에 맞게 개입하고 힘이 되어줘야 한다는 부담감을 느끼게 되는 경우가 그 예가 될 수 있다. 더욱이 그 친구 입장에서는 남에게 짐이 되고 싶지 않다는 마음이 있을 것이기 때문에 '적정한' 수준의 거리를 유지하는 일은 사람들 사이의 심리적 거리가 가깝다고 해도 여간 어려운 일이 아니다.

한국과 같은 상호의존적 문화에서는 물리적으로나, 심리적으로나 개인이 요구하는 사적 영역이 상대적으로 크지 않다. 특히, 가족, 친구와 같은 내집단 구성원에 대해서는 더욱 그렇다. 하지만 사람들 사이의 심리적 거리가 가깝다고 해서 상호의존적 문화권에서의 사회생활이 마냥 편한 것은 아니다. 심리적 거리가 가까운 만큼 그에 따르는 의무와 책임이 크기 때문이다. 또 관계를 중시하기 때문에 사회적 기대를 저버리면 비난의 대상이 되기도 하며 배신자로 낙인찍히기도 한다.

한국에서 혼자 밥 먹기, 혼자 마시는 술 등 각종 '혼X'가 유행하는 것도 사회적 관계에 뒤따르는 수많은 의무와 책임을 생각하면 차라리 혼자 하는 것이 편하다고 느끼기 때문인지도 모른다. 그런데도 인간은 본질적으로 사회적 동물이다. 인간의 뇌가 다른 유인원들과 다른 진화의 경로로 나아간 것도 무리를 이뤄 살아가는 인간의 사회 활동 때문이라는 학설이 가장 큰 지지를 받고 있다.

인간의 마음은 사회 활동을 위해 진화해 왔다고 해도 과언이 아니다. 사람마다 개인차가 있고, 상황에 따라 달라지기도 하고, 또 여기에서 살펴본 것처럼 문화의 영향도 무시할 수 없기 때문에, 사람들 사이의 적정한 거리를 유지하는 것은 결코 쉬운 일이 아니다. 그런데도 사람들을 만나 함께 나누는 것이 인간의 마음에 가장 적절한 일이 아닐까.

나진경

서강대 심리학과 교수이다. 사회문화적인 요인을 중심으로 사람의 마음을 연구하는 사회심리학자이다. 현재 서강대학교 희망연구소 소장으로 연구를 지속하고 있다.

관계의 두 얼굴

| **최종안** 강원대 심리학과 교수

심리학자들은 종종 연구 속 세상과 실제 세상 간의 '괴리'와 마주하게 된다. 과학적 절차를 통해 얻은 '우리'에 관한 이해가 일상 속 '우리'의 모습과 서로 상충할 때가 있다. 이런 '괴리'를 만나게 되면 학자들은 기존 연구를 보완할 수 있는 추가 연구를 수행하거나, 이론과 현상 간에 존재하는 어쩔 수 없는 간극으로 여기고 그냥 넘기는 경우가 대부분이다. 그런데 최근에 추가 연구를 진행하기도, 그렇다고 이론과 실제 간의 자연스러운 간극쯤으로 치부하기도 어려운 '괴리'가 발견되었다.

사회적 관계 속 두 얼굴을 보다

사회적 관계는 과학으로 입증된 행복의 필요조건이다. 수많은 연구에서 일관되게 행복한 삶의 기본 요소로 사회적 관계를 제안하고 있다. 보통 행복의 필요조건을 탐구한 연구를 개괄해 보면, 연구 결과 간에 충돌이 발견되기 마련이다.

일례로, 돈과 행복 간의 관계도 돈으로 행복을 살 수 있다는 결론을 지지하는 연구와 돈으로 행복을 살 수 없다는 결론에 도달한 연구가 공존하고 있다. 물론, 기존의 연구를 종합해서 보면 돈은 행복에 긍정적 영향을 미치는 것으로 수렴되기도 한다. 그런데 사회적 관계는 지금까지 축적되어 온 관련 연구들에서 예외 없이 행복의 필요조건으로 지지받고 있다. 사회적 관계가 행복에 방해가 된다거나 행복과 무관하다는 연구 결과는 찾아보기 어렵다.

연구 속 세상에서는 관계 사이에 의심의 여지 없이 행복이 자리 잡고 있다. 하지만 연구 밖 세상, 일상에서는 사뭇 다른 모습이 관찰된다. '모든 관계는 노동이다'라는 드라마 속 주인

공의 외침처럼 현실 속 사람들은 사회적 관계를 스트레스의 주된 원인으로 지목한다. 한 설문 조사 결과를 보게 되면 직장인들은 과도한 업무나 갑질보다 주변 동료 및 상사와의 인간관계가 더 큰 스트레스의 원인이라고 답하였다.

그래서인지 사람들이 휴식 혹은 힐링을 위해 '홀로' 상태를 선택하고 있다. 혼자만의 시간을 관계의 불편함에서 벗어나는 해방으로 여기고 있다. 연구 속 세상과 달리, 현실 세상에서는 관계 사이에 불편함이 있는 것처럼 보인다.

사회적 관계를 둘러싼 '괴리'의 원인을 쫓아본다

학술 논문에서 사회적 관계는 행복의 원천으로 찬양받고 있지만, 드라마에서 사회적 관계는 불편함의 주범으로 비난받고 있다.

이러한 '괴리'의 이유를 밝히기 위해 경험 표집 방법experience sampling method을 통해 수집한 자료들을 재검토해 보았다. 다양한 자료 중 경험 표집 방법 자료를 선택한 것은 해당 연구 방법이 일상의 우리 모습을 가장 잘 포착할 수 있기 때문이다. 보통의 설문조사가 연구실이라는 제한된 장소에서 일회적으로 시행되다 보니, 해당 조사의 결과가 일상의 자연스러운 모습이 아닌 연구를 위한 인위적 모습을 담을 가능성이 있다.

그에 반해 경험 표집 방법은 평소처럼 일상을 보내면서 중간중간 스마트폰을 통해 질문을 받으면 그 순간 본인의 상태나 행동을 실시간으로 보고하는 방식이기 때문에, 경험 표집

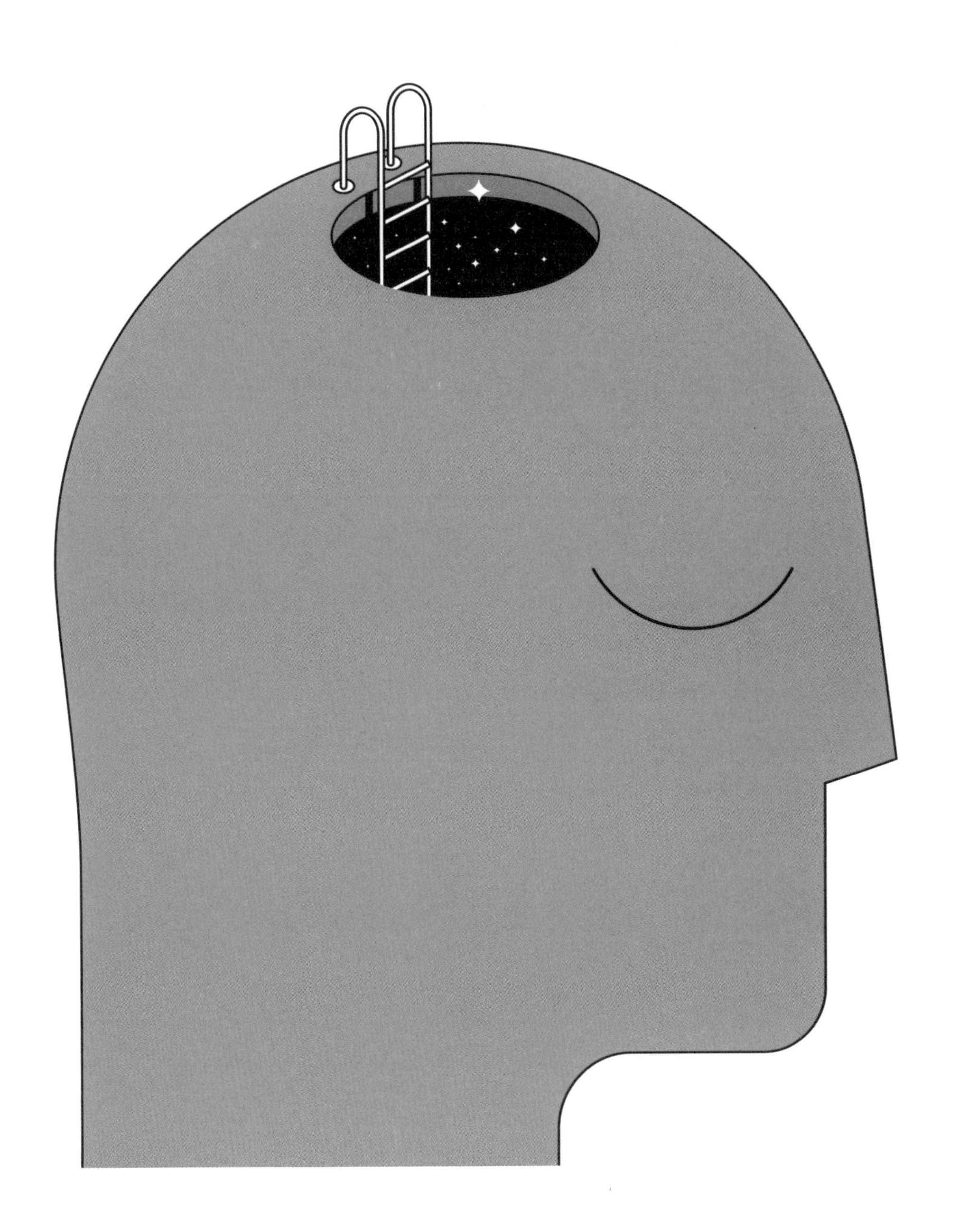

방법으로 수집된 자료 안에는 일상의 감정이나 행동이 담기기 쉽다. 비유하자면 전통적인 설문 조사를 통해 얻은 자료가 사진관에서 찍은 사진과 같다면, 경험 표집 방법을 통해 수집된 자료는 일상에서 찍은 셀카 사진과 같다고 할 수 있다.

경험 표집 방법으로 수집된 자료를 활용하여 사회적 관계가 맺고 있을 때와 홀로 있을 때의 심리적 차이를 비교해 보았다. 결과는 역시나 기존의 연구들과 일치하였다. 혼자 있을 때보다 누군가와 함께 있을 때, 사람들은 더 큰 즐거움과 의미 그리고 행복을 경험하였고 상대적으로 낮은 정도의 스트레스를 겪는 것으로 드러났다.

혹시나 이러한 결과가 사회관계 때문이 아니라 누군가와 함께 있을 때 주로 하는 일상 활동과 혼자 있을 듯한 활동의 종류가 달라서 도출된 것은 아닌지 의심되어 참여하는 활동을 통계적으로 동일하게 가정하고 추가 분석해 보았다. 이번에도 역시 결과는 변하지 않았다.

일상 활동과 무관하게 사회적 관계는 행복에 긍정적 효과를 미치는 것으로 확인되었다. 일상 활동을 식사나 업무로 고정하고 해당 경우들만 선별하여 살펴보아도, 사람들은 혼자일 때보다는 누군가와 함께할 때 더 만족하고 즐거워하는 것으로 나타났다.

다음으로 연령대별로 연구 참여자들을 구분하여 다시 자료를 분석해 보았다. 기성세대와 비교해 MZ세대가 사회적 관계 맺기를 더 불편해하는 것으로 알려져 있기에 사회적 관계와 행복 간의 관계가 세대에 따라 큰 차이를 보이지는 않을까 예상해 볼 수 있다.

연령대를 구분한 분석에서도 일관된 결과가 반복되어 확인되었다. 모든 연령대에서 사회적 관계는 행복감과 긍정적으로 연결되어 있었다. 물론 20대의 경우 타 연령대에 비해 누군가와 함께 있을 때 경험하는 행복감의 크기가 조금 작긴 했지만 젊은 세대 역시 홀로보다는 관계를 맺고 있을 때 더 즐거워하고 덜 외로워했다.

자율성이라는 숨겨진 퍼즐 한 조각을 발견하다

지금까지의 분석 결과를 종합해 보면, 사회적 관계는 행복에 명백히 도움이 된다. 특히나, 이번 분석은 일상의 모습을 솔직히 담고 있는 자료를 활용한 것이기에 여타 연구들에 비해 더 신뢰할 수 있다. 그렇다면, 일상에서 많은 이들 관계를 행복의 짐으로 여기는 것은 단순한 착각이나 과장의 결과에 불과한 것일까.

'괴리'의 원인을 찾지 못하고 자료 분석을 마무리하려 할 때, 사소해 보이는 예외적 결과 하나를 발견하였다. 관계를 맺는 대상에 따라 행복감에 차이를 비교해 보았는데, 홀로 있을 때보다 오히려 행복감이 낮아지는 상대가 있었다. 직장인들은 자기 직장 상사와 함께 있을 때, 대학생들은 교수와 함께 있을 때 오히려 혼자 있을 때보다도 낮은 정도의 행복감을 보고하였다. 언뜻 보면 너무 당연해 보이는 이 결과 뒤에 사회적 관계를 둘러싼 '괴리'의 비밀을 풀 단서가 숨겨져 있었다.

왜 직장 상사나 교수와 함께할 때는 행복감이 떨어질까? 상사나 교수는 잔소리하기 때문일까? 만약 이것이 이유라면 부모님과 함께 있거나 배우자와 함께 있을 때도 행복감은 감소해야 할 것이다. 아니면 이들은 업무적 관계이기 때문일까? 직장 동료 역시 업무적 관계이지만 직장 동료와는 함께 있을 때는 행복감이 증가한다. 직장 상사나 교수와의 관계가 행복에 독이 되는 이유는 이들과의 사회적 관계가 자율적 선택에 의한 것이 아닌 경우가 대부분이기 때문이다.

스스로가 원해서 만날 수도 있겠지만, 보통은 본인의 의지와 무관하게 상사나 교수의 요청으로 일방적으로 만나게 되고 시간을 함께 보내게 된다. 이처럼 자율성이 박탈된 사회적 관계는 오히려 행복에 방해가 될 수 있는 것이다. 이 가설을 보다 정확히 검증하기 위해 사회적 관계를 상대와 무관하게 자율성 정도에 따라 재분류해 보았다. 본인이 원해서 만날 경우와 의무적으로 만나는 경우로 나누어 본 것이다.

두 경우를 비교해 본 결과, 스스로가 원한 사회적 관계는 행복감에 득이 되지만 의무적인 관계는 오히려 행복감에 독이 됨을 확인할 수 있었다. 친구와 함께 있을 때도 그 만남이 의무적인 경우에는 혼자일 때보다 낮은 정도의 행복감을 보였고, 직장 상사와 함께 있을 때도 그 만남을 본인이 원하는 경우에는 상대적으로 큰 행복감을 경험하는 양상을 보였다.

'의무적인 관계가 노동이다'

사회적 관계를 둘러싼 연구 속 세상과 실제 세상 간의 괴리는 사회적 관계를 맺는 동기를 고려하지 못한 것에 비롯되었다. 어떤 마음으로 사회적 관계를 맺느냐에 따라 관계는 행복에 득이 될 수도, 독이 될 수도 있다. 본인이 원해서 맺는 사회적 관계는 삶을 풍요롭게 하지만, 의무적으로 맺는 사회적 관계는 삶을 메마르게 한다.

결국 자율성이 바탕 된 관계만이 행복에 도움이 되는 것이다. 연구 속 세상과 달리 일상에서 사회적 관계를 불편함으로 보는 것은 사회가 자발적 관계보다는 의무적 관계에 더 집중해서일 것이다.

지금 우리에게 절실한 것은 모든 관계로부터의 해방이 아닌 의무적 관계로부터의 해방이다.

최종안

강원대학교 심리학과 교수로 재직하며 학생들을 가르치고 있다. 서울대학교에서 심리학 박사학위를 받았으며, 서울대학교 행복연구센터 연구원을 역임했다.

Newsletter IPKU

"다음은 부르스! 그가 편히 잠들길 바라요.
나는 그가 오토바이를 갖고 있어서 좋아했는데,
어디 들어갈 때 문을 잘 안 잡아 줬어요.
원래는 점수가 더 낮은데,
장례식이 재미있었으니까, 가산점을 주죠.

10점 만점에 4점!"

영상 속 한 여성이 자신의 전 애인들에 대한 점수를 매기고 있습니다. 평가는 가차 없어요. 빌리는 키가 커서 좋아했지만, 스킨십을 해주지 않았다며 가감 없이 3점을 매겨버리죠. 거침없으면서도 유쾌한 이 여성은 '93세의 드로니악 할머니'. 틱톡, 인스타그램 등 SNS에서 1,150만 명의 팔로워 보유, 누적 뷰 3억 3,990만을 돌파한 글로벌 스타입니다.

그런데 드로니악 할머니가 특별한 사례는 아니에요. 요즘 노년층이 SNS에서 MZ세대에게 상당한 인기를 얻고 있다고!

SNS가 MZ세대의 전유물? 이젠 그랜플루언서!

할머니, 할아버지 인플루언서를 뜻하는 그랜플루언서Granfluencer라고 들어보셨나요? 전 세계적으로 그랜플루언서가 활발히 활동하며 MZ세대의 인기를 한 몸에 받고 있다고 해요.

월스트리트저널은 그랜플루언서의 전성시대가 왔다고 보도하기도 했습니다. 그랜플루언서는 요리, 패션, 건강, 자동차, 인생 조언 등 특별하지 않은 일상의 주제를 다루고 있는데도, 인기가 상당하다고 해요.

평범한 가정주부였던 린 데이비스(67)는 요리 콘텐츠를 틱톡, 인스타그램 등에 꾸준히 올렸는데요. 현재는 1,700만 명의 팔로워를 보유한 대표적인 그랜플루언서입니다.

또 틱톡과 인스타그램에서 570만 명의 팔로워를 보유한 바바라 코스텔로(74)는 워킹맘 경험을 바탕으로 장보기 루틴, 식기세척기 관리법 등을 소개하며 팬들과 소통하고 있어요. 스코티 킬머(70)는 정비사 경험을 바탕으로 자동차 구매 및 수리 방법을 전합니다. 현재 579만 명의 구독자를 보유하고 있는 그는 SNS로 2,400만 달러약 316억 원에 가까운 수익을 벌었다고!

ⓒ아저씨즈' 인스타그램

국내 그랜플루언서의 인기도 대단합니다. 시니어계 BTS라 불리는 아저씨즈는 걸그룹 브레이브걸스의 롤린에 맞춰서 춤추는 영상으로 큰 화제 모았어요. 그것도 10~20대의 전유물로 여기던 숏폼 플랫폼 틱톡에서 말이죠.

현재 이들의 영상은 누적 조회수 1억 뷰를 기록하고 있습니다. 특히 아저씨즈는 뛰어난 패션 감각으로 MZ의 패션 롤모델로 자리 잡았습니다. 손주들과 소통하기 위해 틱톡을 시작했다는 80대 이찬재, 안경자 부부는 SNS에 춤추는 영상과 직접 그린 그림, 작성한 글 등도 올리는데요. 이들 부부는 팔로워는 240만 명을 거느린 세계적 틱톡커이기도 합니다.

"모델 좀 해주세요", 기업의 러브콜

그랜플루언서의 인기가 높아지자, 기업들도 이들에 주목합니다. 글로벌 석유 기업 쉘Shell은 Z세대를 겨냥한 저탄소 솔루션 캠페인 홍보를 필리핀의 그랜플루언서 Our Filipino Grandma와 협업해 진행했습니다. 젊고 세련된 느낌을 추구하는 명품 브랜드 미우미우도 노년층에 주목합니다. 미우미우는 85세의 중국 여배우 우옌슈와 콜라보레이션을 진행했는데요. 우옌슈의 화보가 공개되자 '소녀다움'에 대한 인식을 미우미우가 재정의했다는 호평을 받았어요!

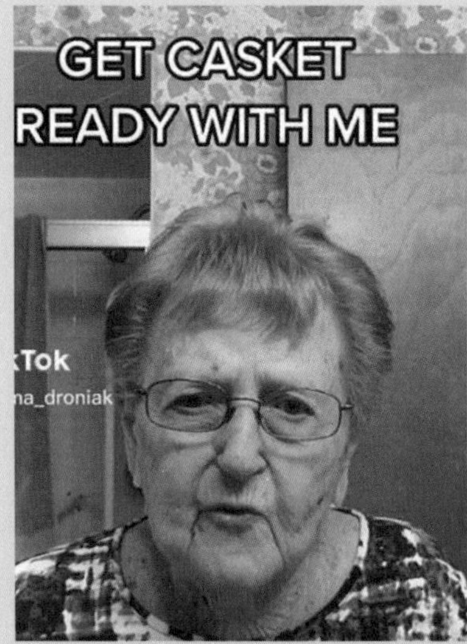
GET CASKET
READY WITH ME

©Grandma Droniak, 밀라논나, 이찬재, 안경자 부부, 85세의 중국 여배우 우옌슈 SNS

국내도 상황은 비슷해요. 여성 의류 쇼핑 플랫폼 지그재그가 윤여정을 모델로 선정했던 것, 기억하시나요? '니 맘대로 사세요'라는 카피를 달고 나왔는데요. 당시 광고계에서는 큰 충격이었어요. 지그재그의 고객층이 20~30대 여성이었기 때문이죠. 그런데 반응은 상당히 긍정적이었습니다. 대중은 '저 세상 힙함', '지그재그가 이렇게 고급스러웠나' 등의 뜨거운 반응을 보였습니다. 이를 계기로 MZ세대 74%가 지그재그를 더 좋게 인식하게 됐다네요.

솔직 · 담백 속 통찰력과 친근함, "재밌고 멋있어"

그랜플루언서가 MZ세대에게 인기 있는 이유는 무엇일까요? 전문가들은 그랜플루언서의 인기 이유를 솔직함과 친근함, 통찰력을 꼽습니다. 영국의 인플루언서 마케팅 책임자 홀리 에들스턴은 "그랜플루언서의 콘텐츠는 필터링에서 자유롭다."며 "그들은 이상적인 기준이나 엄선된 라이프 스타일을 따르지 않는데 이것이 오히려 인기 이유"라고 설명했습니다.

그뿐만 아니라 그랜플루언서는 다양한 배경과 경험을 보유하고 있다는 특징이 있어요. 이들은 인생 선배로서 경험을 바탕으로 삶에 대한 조언도 해주는데, 이런 모습에 더 친근감을 느끼게 되죠. 또 그랜플루언서 중에는 고정관념에 도전하는 경우가 많습니다. 특히 노화에 대한 고정관념을 깨고 자신의 삶을 살아가는 모습을 보여주죠. 글로벌 비즈니스 잡지 '캠페인'Campaign은, 시니어 세대를 노인이라는 단어 대신 '새로운 삶을 개척하는 사람들'이라고 소개하기도 했습니다.

이 글에서 소개한 그랜플루언서 외에도 세계에는 각양각색의 그랜플루언서가 있습니다. SNS에서 다루는 분야도 콘텐츠 스타일도 모두 다르지만, 공통점이 있습니다. 바로 나다운 삶을 살아가고 있다는 것! 이들의 가장 큰 매력 포인트가 아닐까 싶어요. 인생 선배가 그런 모습을 보여주니 더욱 멋있어 보이기도 합니다. 그랜플루언서를 보며 열광하는 우리 마음속엔 '나다운 삶'을 살고자 하는 바람이 있는 건 아닐까요?

나로부터
나를 지키는 법

| **김윤화** 에디터

“내가 원하는 것으로부터 나를 지켜줘”

제니 홀저 (Jenny Holzer)

OTECT ME
OM WHAT
WANT

1982년. 뉴욕 타임스퀘어 전광판에 광고가 흘러나온다. 코카콜라, 소니…여느 때와 다른 건 없다. 검은 화면 속 한 문장이 번쩍 나타나기 전까지. "내가 원하는 것으로부터 나를 지켜줘"PROTECT ME FROM WHAT I WANT

텍스트 아티스트 제니 홀저1950~가 그녀의 젊은 시절 세상에 던진 화두다. 당시 이 문구를 본 사람들은 혼란했을 것이다. 내가 원하는 것으로부터 나를 지키라니. 우리는 되레 몸과 마음을 망치면서까지 원하는 것을 얻으려 하지 않는가.

우리는 '그것'만 얻으면 삶의 문제가 해결되고, 행복해질 것이라고 기대한다. 제니 홀저는 이런 우리에게 묻는다. 당신이 바라는 것이 진정 당신이 바라는 것인가, 혹 그 안에서 자신을 잃어버리진 않았는가 하고.

오늘날 사람들은 그 어느 때보다 풍족한 삶을 누린다. 음식은 남다 못해 버려진다. 스마트폰. 자율 주행 자동차. 새벽 배송. 첨단 기술과 서비스는 생활 곳곳에 파고들어 일상을 물 흐르듯 편리하게 만든다. 그런데 삶에 대한 만족감은 여전히 저조하다.

물질적 풍요는 삶의 깊이를 주지 못하기 때문이다. 깊이를 만들어 내는 건 한곳에 오래 머무는 주의력집중력이고, 이러한 주의력은 조급함이 아닌 기다림에서 나온다.

이른바 초연결사회의 시제는 '즉시'卽時다. 기다림의 부재가 이 시대의 미덕이다. 기술이 발달하기 전 과거에는 기다림이 있고, 설렘이 있었다. 그만큼 사람과의 만남이나 사물과의 교감에는 여운이 길게 지속됐다.

"삶을 더욱 충만하게 만드는 것은 사건들의 수가 아니라 지속성의 경험이다. 사건들이 빠르게 연달아 일어나는 상황에서 지속적인 것은 싹트지 못한다. 충족과 의미는 양적인 논리로 설명되지 않는다."

한병철, 『시간의 향기』

즉시성에 익숙해진 우리는 이러한 기다림을 견딜 수 있는 근육을 잃어버렸다. 일상은 지루함을 피하는 시도의 연속이 됐다. 그 대안 중 하나가 새로운 것이 끝없이 반복되는 동영상 매체다. 최근 1분 길이의 영상인 유튜브 쇼츠의 월간 사용자 수가 20억 명을 넘었다. 이 수는 매년 큰 폭의 성장세를 나타내고 있다.

그런데 이러한 매체를 보는 게 과연 나의 욕망일까. 단지 지루함으로부터 도망칠 수 있는, 손쉬운 유혹에 이끌린 것 아닐까. 이러한 유혹에 빠질수록 우리는 자신이 바라는 것이 무엇인지 사고하지 않고, 점차 자신을 잃어버린다.

'내가 원하는 것으로부터 나를 지켜줘'. 제니 홀저는 이러한 가짜 욕망으로부터 진짜 나를 지켜야 한다고 말한다. 그렇다면 어떻게 유혹으로부터 자신을 지킬 수 있을까. 마음챙김의 역할이 여기에 있다.

마음챙김은 자신의 호흡이나 주변의 소리, 냄새 등의 감각에 주의attention를 기울이는 명상 방법이다. 이렇게 주의를 기울이는 대상에는 생각도 포함된다. '지루함으로부터 벗어나야 한다.', '더 쉬운 길이 있다.'는 등의 생각에 거리를 둠으로써 그에 끌려다니지 않는 것이다.

우리 주변은 우리의 의지를 꺾으려는 충동과 유혹으로 가득하다. 마치 그리스 신화 속 아름다운 노랫소리로 선원들을 유혹해 잡아먹는 세이렌과 같다. 오디세우스는 이들로부터 자신을 지키기 위해 밀랍으로 귀를 막고 자기 몸을 돛대에 꽁꽁 묶는다.

마음챙김도 비유하자면 오디세우스의 몸짓과 다르지 않다. 자신의 주의력을 몸감각에 묶고, 내면의 소리에 깨어있는 것이다. 그러면서 주변의 유혹이 세이렌, 즉 나의 본질을 위협하는 경보siren라는 사실을 알아차린다. 자신을 잃어버리지 않기 위해서다.

스토아 철학자 에픽테토스는 "만일 누군가가 당신을 자극하고 마음의 평화를 잃게 한다면 당신의 마음도 공범이다."라고 말한다. 자기 자신을 잃어버리게 된 책임은 외부 유혹뿐 아니라 이에 대응하지 않은 우리 자신에게도 있다는 의미다.

이렇게 곱씹을수록 나라는 존재는 참으로 복잡하고 어렵다. 나로부터 나를 지켜야 한다니…사회가 발전할수록 내 욕망의 층위도 덩달아 복잡해진다. 그럴수록 자신의 중심을 지켜야 할 필요성은 더 커진다. 다행인 점은 마음챙김을 통해 주의력을 기를수록, 일상은 조금씩 깊이를 되찾고, 충만해진다는 점이다.

나를 지키는 일은 어려워도 분명 그럴만한 가치가 있는 일이다.

누군가가 나를 지켜보고 있다

| **황진영** 에디터

청문회장을 방불케 하는 회의실의 무거운 분위기가 나를 압도한다.
분명 내가 만든 자료에 내가 써 내려간 문장들인데,
막상 내 입을 통해 나오는 것은 엉뚱한 말이다.

'앗 틀렸다'는 생각이 들자마자 목소리는 높아지고,
말은 빨라지고, 문장은 점점 꼬여만 간다.

며칠 전 한 명상 그룹원이 내게 털어놓은 자기 모습이다. 평가 회의에서 너무 긴장한 나머지 마음과 다른 행동을 하게 된 것이다. 이는 이 그룹원만의 경험은 아니다. 우리는 긴장하면 마음과 다른 행동을 하고 있는 나를 쉽게 발견할 수 있다. 그건 바로 내 속의 '관찰 자아'가 하는 일이다.

프로이트의 이드id, 자아ego, 초자아superego 개념을 이어받은 하인즈 하르트만Heinz Hartmann의 자아 심리학에서는 자아를 '경험 자아experiencing ego'와 '관찰 자아observing ego'로 나누어 설명하기도 한다. 이드-자아-초자아가 마음속에서 서로 대립하는 존재였다면, 하르트만의 자아 심리학에서는 자아가 환경에 적응해 나가는 과정에서 기쁨, 슬픔, 행복 등의 감정을 느끼는 것이 '경험 자아'이고, '경험 자아'를 바라보는 것이 '관찰 자아'가 하는 일이다.

소위 말하는 '생각이 많은 사람'들은 '관찰 자아'가 '경험 자아'에 비해 크게 발달해 있는 경우가 많다. 무심코 뱉은 나의 말과 행동을 돌아보는 '관찰하는 나'의 눈과 귀가 너무 뛰어나게 발달한 것이 이유라면 이유겠다. 문제는 '관찰 자아'가 '경험 자아'를 짓눌러버리는 경우가 많다는 것이다. 엄하게 자란 사람이라면 이 '관찰 자아'가 내면의 목소리가 되어 '경험 자아'에

시종일관 잔소리를 늘어놓는다. 제대로 해야 한다는 강박관념, 실수 후 따라오는 자책, 더 잘할 수 있었을 텐데 하는 후회는 주로 '관찰 자아'가 '경험 자아'를 비판할 때 생기는 산물이다.

'관찰 자아'에 시달렸던 사람들의 이런 마음을 읽어주는 책과 강연이 상당히 오랫동안 인기를 끌었다. 마음속 깊이 숨겨둔, 그동안 감춰왔던 생각을 '관찰 자아'의 눈치 따윈 보지 말고 밖으로 꺼내라는 말을 하는 사람이 많아졌다. 당당한 나, 용기 있는 나를 사랑하라는 말을 하는 사람이 많아졌다. 그런데, 이 충고가 때로는 '내 멋대로 살고 싶어.'라며 다른 사람에게 상처와 피해를 주는 사람들의 방어막이 되기도 하는 것 같다.

존 카밧진Jon Kabat-Zinn의 마음챙김의 일곱 가지 필수적인 태도 중 하나인 'Non-judgement'라는 개념 또한 무조건 판단하지 않고 모든 걸 수용해야 하냐는 오해를 받는다. 그러나 그가 주장한 'Non-judgement'는 마음챙김을 실천하는 과정에서 우리의 마음에서 무의식적으로 일어나는 '판단'에 편견이 섞여 있지는 않은지 점검하여 '나도 모르게 이전의 경험들에 따라 예단하고, 속단하는 생각과 감정에 사로잡힌' 마음에서 벗어나기 위한 노력의 과정을 의미한다.

마음챙김을 실천하려는 사람들은 '알아차림'의 과정에서 '판단하는 나'를 발견하게 된다. 그리고 발견한 나의 모습을 '비판 없이 수용'하는 것이 가능하냐고 묻는다. 일부 사람들은 판

단하지 않는 태도를 유지하라는 마음챙김의 가르침에 대해 비판한다. 그들에 따르면, 마음챙김의 판단하지 말라는 가르침은 "개인의 도덕 지능을 무력화할 위험성이 담겨 있다. 게다가 현실을 의문 없이 받아들이는 '행복한 로봇happy robot' 같은 상태를 만들 수 있다."고 우려하고 있다.

그러나 마음챙김의 Non-judgement Awareness의 올바른 번역은 '비 판단적 알아차림'이다. 판단이 없거나 존재하지 않는 상태가 아니라 우리가 '판단'하면서 빠지기 쉬운 '좋고 싫음', 혹은 '옳고 그름'으로 세상을 바라보는 흑백논리에서 벗어나, 있는 그대로 현실을 인식하라는 말이다. 많은 강연에서 존 카밧진은 "판단하는 자기 자신을 판단하지 않는 것이 중요하다."라고 말한다. 카밧진은 여기서 한발 더 나아가 '판단'하는 자신의 모습을 비판적인 눈으로 바라보지 말고, 언제, 어떻게, 왜 판단해야 하는지를 알아볼 수 있는 안목discernment을 기르는 것을 강조한다.

마음챙김을 통해 자신을 바라보게 되면서 어느 순간이 되면 '관찰 자아'가 채점한 나의 모습에 빨간 줄이 죽죽 그어진 모습을 발견하게 되기도 한다. 여러 명상 가이드에서 자주 언급되는 '다른 생각'wandering mind을 하는 나를 발견하는 순간은 자연스러운 명상 과정의 하나이다. 그러나 이를 실패로 간주하고 명상을 포기하는 사람이 생각보다 너무 많다. 일부는 명상 중에 자신의 감정과 사고 패턴을 들여다보는 활동을 하면서 자신이 미처 몰랐던 '틀린' 모습을 발견하는 것에 불편함을 느낀다. 그러나 이 역시 자연스러운 과정이다. 문제는 여기서 '틀린' 모습을 마주하며 생겨난 불편함에 '그냥 생긴 대로 살지 뭐.' 하는 마음으로 돌아가려고 하는 경향이다.

여기서 '관찰 자아'가 해야 할 역할이 중요하다. '경험 자아'가 길을 헤매고 있는 건지, 거꾸로 가고 있는 건지, 가지 말아야 할 길로 빠져들고 만 것인지를 발견해야 한다. 그리고 '지금, 여기'의 내가 '의도'했던 방향으로 슬며시 나를 돌려 세워줘야 한다.

우리의 자동적 사고는 필연적으로 지금까지 우리가 경험한 일 중 강렬한 기억으로 남아 있는 것에 바탕을 둔다. 매우 놀랐거나, 무서웠던 경험과 비슷하게 보이는 상황이라면 되도록 회피하고 싶을 것이고 즐거웠던 기억과 비슷해 보이는 상황이라면 조금 더 적극적으로 임하고 싶어 할 것이다. 그러나, 마음챙김의 Non-judging은 예전의 경험에 연결된 자동적 반응에서 비롯된 사고와 감정을 잠시 내려놓고, 편견에서 벗어나 현재 상황을 있는 그대로 받아들이기를 강조한다. 심지어 우리의 수 없는 다짐에도 불구하고 끊임없이 판단하는 '성찰 자아'의 목소리까지도 가만히 들어보기를 권하는 것이다.

단순히 인식하세요

Simply Notice

마음챙김의 가이드에서 이 표현이 자주 사용되는 이유가 여기에 있다. 과거에 얽매이지도, 미래의 불안에 잠식되지도 않은 채, '지금, 여기'에 내가 충분히 머무를 수 있도록 스스로를 돕는 일이기 때문이다.

'관찰 자아'가 '경험 자아'에 너무 큰소리를 치게 하는 것도, 그렇다고 '경험 자아'가 하는 일을 물끄러미 바라만 보는 것도 마음챙김으로 이르고자 하는 상태와는 거리가 멀다. 두 자아가 서로의 말을 끝까지 들어주고, 조금 더 '내가 원하는 나'에 가까워질 수 있도록 돕는 것이 필요한 이유다.

황진영

세계은행에서 프로그램 코디네이터로 일하고 있다. 버지니아대학 명상과학센터에서 일하며 마음챙김이 일상에 주는 힘을 깨닫게 되었고, MBSR(Mindfulness-based stress reduction), Certified Workplace Mindfulness Facilitator, Trauma- Sensitive Mindfulness 등의 과정을 수료했다. 스스로의 삶을 돌아보는 과정이 결국은 함께인 삶에 영향을 미친다는 것을 더 많은 사람과 함께 나누고 싶은 마음을 담아 글을 쓴다. 저서로는 공저 『세상의 모든 청년』, 『나의 시간을 안아주고 싶어서』가 있다.

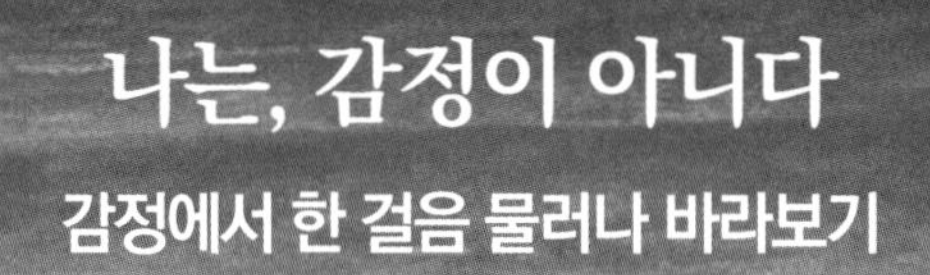

| 성소은 PaTI 스승

오늘 당신의 기분은 어떤가? 아침엔 맑았는데 오후엔 먹구름 가득한 우울의 언저리를 배회하고 있거나, 그 반대일 수도 있다. 갈피를 잡을 수 없는 감정 흐름이 어디 오늘뿐이겠는가. 내 기분 변화를 날씨 예보처럼 일주일 단위로 추이를 살펴보면 어떨까? 일상에서 내가 자주 경험하는 감정이 무엇인지 알아보기 위함이다. 나는 주로 어떤 기분을 맛보며 살아가고 있는가, 돌아본다.

인간의 삶은 기쁨, 슬픔, 불안, 걱정, 사랑, 분노, 욕망, 환희 같은 감정의 숲에 싸여있다. 인간을 다른 동물과 구별 짓게 하는 이성이나 지성도 감정 없이는 기능할 수 없다. 감정을 분석하면서 이성이 싹트고, 개개의 감정이 불러일으키는 느낌을 이해하면서 지성이 자란다. 어쩌면 삶이란 아마존 같은 감정의 미로迷路에서 자신의 길을 내며 걸어가는 것인지도 모른다. 이 울창한 감정의 정글에서 살아남기 위해서는 길을 잃지 않아야 한다. 오늘의 감정은 오늘의 좌표이며, 최근의 감정은 최근에 내가 걸어온 자취이다. 감정은 삶의 족적足跡이다. 나는 지금 어디에, 어떻게 서 있나?

감정은 나를 살릴 수도, 죽일 수도 있는 양날의 칼이자 자기 스스로를 정직하게 이해할 수 있는 지름길이다. 문제는 감정이 내가 나에게 닿을 수 있는 첩경이 되기보다 밀림이 되어 그 속에 갇힐 때가 많다는 데 있다. 길을 찾기는커녕 너무 빼곡해 방향감각을 잃고 그 자리에 주저앉아 꼼짝달싹도 못 하게 되는 위기에 직면하기 쉽다. 그럴 때 감정은 눈을 가려 앞을 보지 못하게 하고, 귀를 막아 누군가의 도움의 소리도 듣지 못하게 한다. 감정의 늪에 빠지게 되는 경우다. 내가 나의 감정을 외면할 때 맞닥뜨리는 위험 구간이다. 삶을 춤추게도 하고 저버리게도 하는 예측불허의 감정, 일찍이 이성이 아닌 이런 불안정한 인간의 정서에 주목한 사람이 있다. 지금 내 안에서 길을 잃었다면 스피노자Benedictus de Spinoza, 1632~1677의 성찰이 내미는 손을 맞잡을 때다.

스피노자의 아펙트

아펙트affectus · affect는 감정, 정서를 가리키는 스피노자의 용어다. 스피노자에게 아펙트는 어느 순간에도 힘차게 일어나 움직이게 하는 '생명력'이다. 정서는 "그것을 통해 신체의 활동 역량이 증가하거나 감소하고 도움을 받거나 방해받는 신체의 변용들인 동시에 그 변용의 관념들"이다. 스피노자는 경쟁심이나 시기심, 두려움처럼 외부 원인에 기인한 수동적인 정서를 '정념passio'이라고 이름하고, 반대로 도의심pietas이나 쾌활함hilaritas 같이 내부에서 유래하는 정서를 능동적인 '정서actio'로 구분한다. 동서양을 막론하고 대부분의 철학 사조에서 감정은 이성에 비해 열등한 것으로 치부되거나 아예 무시되는 대상이었다. 하지만 스피노자는 대표작 『에티카』에서 인간의 감정을 긍정적 정서와 부정적 정념으로 구분해 인간의 본성과 감정, 의식의 작용 방식을 기하학적으로 증명하고 있다.

"『에티카』는 개념의 책일 뿐만 아니라 정동情動의 책이며 지각知覺의 책이기도 하다. 따라서 역설적으로, 스피노자는 철학자 중의 철학자, 가장 순수한 철학자이면서 동시에 비철학자들에게 가장 많이 말을 건네고 가장 강렬한 비철학적 이해를 자극하는 철학자이다. 그래서 누구나 스피노자를 읽을 수 있고, 설령 스피노자의 개념을 잘못 이해하더라도 그로부터 큰 감동을 하거나 자신의 지각을 완전히 새롭게 할 수 있다." 20세기 포스트모더니즘을 선도했던 프랑스 철학자 질 들뢰즈Gilles Deleuze, 1925~1995의 찬사다.

일찍이 사뭇 다른 시선을 가진 스피노자는 『정치론』에서 "철학자들은 우리를 갈등하게 만드는 정서를 인간의 결핍에 의해 생겨난 악이라 생각한다. 그렇기 때문에 철학자들은 정서를 비웃고 한탄하고 비난하게 된 것이다. 그리고 그들은 가장 도덕적으로 보이고 싶을 때 정서를 비하한다."고 밝히면서, 인간의 정서가 어긋나고 뒤틀릴 때야말로 "비웃지도 슬퍼하지도 말고 다만 이해해야 한다."고 강조한다. 나를 어둠에 주저앉히고 피폐하게 만드는 감정은 섣부른 판단이나 비난의 대상이 아니다. 오직 따뜻한 시선이 필요할 뿐이다. 무엇보다 상한 감정은 이해받고 사랑받아야 할 어린아이와 같다. 나를 힘들게 하는 감정에 대한 지적인 이해와 정서적 동조가 뒤따를 때 감정은 더 이상 늪이 아닌 길이 된다.

내 감정에 대한 지성적 이해는 그 상황에서 딱 한 걸음 물러나는 일이다. 나와 힘든 감정을 분리하는 일이다. 아픈 감각에서 자책하는 감정을 빼는 일이다.

감정의 힘, 코나투스(conatus)

감정의 힘은 단순한 자기 이해로 멈추지 않는다. 스피노자는 인간의 본성을 자연이라는 신deus sive natura의 섭리 속에서 최대한 자신을 실현하는 것으로 보았다. 이는 코나투스conatus라는 자기 보존 욕망을 통해 참된 인식에 이르는 과정이자 이성을 통한 자기완성을 의미한다. 코나투스는 생명체에 내재한 '살고자 하는 힘'이다.

"그것이 주어지면 사물이 필연적으로 정립되고
그것이 제거되면 사물이 필연적으로 없어지는 것,
또는 그것이 없으면 사물이 그리고 반대로 사물이 없으면
그것이 있을 수도, 생각될 수도 없는 그러한 것을
나는 어떤 사물의 본질(essentia)이라고 한다."

『에티카』 중에서

코나투스는 살고자 하는 능동적 정서로 인간의 삶을 지속 가능한 것으로 만드는 내면의 불쏘시개이자 온전한 것으로 승화시킬 수 있는 잠재성이다. 삶을 쥐락펴락하는 감정에 대한 이해는 그 자체가 이성을 활용하는 지성이다. 자기 정서에 대한 지성적 이해는 그 자체로 지복을 경험하게 하는 강력한 코나투스가 된다. "우리가 할 수 있는 한, 지성 혹은 이성을 완전하게 하는 것이 특히 유용하며, 이 하나의 것에서만 인간의 최고 행복 혹은 지복이 성립한다. 왜냐하면 지복은 신에 대한 직관적 인식에서 생겨나는 영혼의 만족 자체와 다른 어떤 것이 아니기 때문이다."

코나투스에 연결된 감정은 그대로 삶의 역량이 된다. 살고자 하는 힘, 코나투스라는 생명력을 향상할 때 우리는 기쁨과 무한한 가능성으로 충만해지며, 그 힘이 사라질 때 슬픔과 좌절에 굴복하고 만다. 마치 거대한 산맥처럼 오르막과 내리막을 반복하는 감정에 요동치는 선박의 평형수 ballast water처럼 균형을 잡아주는 것이 있다. 사랑이다.

가장 강한 정서, 사랑

누군가를 떠올리며 증오하는 감정에 휩싸이고, 어떤 대상을 보고 두려움에 빠지는 것 같은 외부 대상에 대한 수동적 정념은 정신을 산란하게 하거나 동요를 일으킨다. 삶을 주저앉히는 이런 종류의 감정은 어떻게 다스릴 수 있을까? 스피노자는 인간 의지에 대한 기대를 거두고 대신 '보다 강한 정서'를 통해 정념을 극복해야 한다고 주문한다. 무언가를 사랑하는 일이다.

사랑에 대한 스피노자의 정의는 사랑을 다시 사유하게 한다. "사랑은 외부 원인에 대한 관념에 수반하는 기쁨이다." 사랑은 사랑하는 대상이 필요하기에 저절로 생기지 않으며, 무엇보다 그 원인을 내부에 두지 않는 독특한 기쁨이다. '사랑하는 마음보다 더 좋은 건 없을걸'이라는 노래를 떠올리지 않아도 우리는 사랑이 불러일으키는 무한한 힘을 안다. 그것을 내 안에 이식할 수 있다면 삶은 훨씬 안정적이고 예측할 수 있는 무엇이 된다. 어떤 대상을 자발적이고 능동적으로 사랑할 때 그 사랑은 흔들리는 삶을 잡아주는 닻이 되고, 방향감각을 잃은 정념에 나침반이 될 수도 있다. 다만 사랑하는 대상이 나의 역량을 높이는 것이어야 한다는 전제가 있다.

"우리의 지복과 비참함은 모두 오직 하나의 요소에 달려 있다. 즉 우리가 사랑하는 대상이 어떤 종류의 것인가에 달려 있다는 것이다. …사랑하는 대상만이 고통을 불러일으킨다. 사랑하는 것이 아니라면 그것이 사라진다 해도 슬픔을 느끼지 않을 것이고, 다른 이의 수중에 떨어졌다고 해도 질투하지 않을 것이다. 한마디로 말하자면 사랑하는 것이 아니라면 고통, 미움, 혼란도 생기지 않는다."

내가 무엇을, 얼마나, 어떻게 사랑하는가는 삶의 실존과 구원에 직결되는 사안이다. 기쁨을 선사하는 사랑은 더 나은 사람으로 성장하게 하고 정신의 지평을 넓혀준다. 그런 사랑 속에서 나는 나를 구원할 수 있다. 스피노자는 '가장 강한 정서, 사랑'에 깃든 초월성을 이렇게 표현한다. "영원하고 무한한 것에 대한 활기찬 사랑은 그 어떤 슬픔도 찾아볼 수 없는 기쁨, 순수한 기쁨으로 정신을 만족시킨다. 이것이야말로 가장 위대한 욕망의 대상이자 우리의 모든 힘을 기울여 추구할 만한 가치가 있는 것이다." 사랑하는 동안 내 안에서 차오른 생명력, 코나투스가 할 수 있는 위업偉業이다.

감각과 감정, 분리하기

사랑을 포함해 내가 경험하는 세계 전체는 보고, 듣고, 냄새 맡고, 맛보고, 만질 수 있는 오감五感을 통해 만나진다. 다섯 개의 감각은 오복五福의 입구다. 동양 고전인 『서경』書經은 다섯 가지 복을 수壽, 부富, 강녕康寧, 유호덕攸好德, 고종명考終命으로 들고 있다. 첫 번째는 장수하는 것壽이고, 두 번째는 재산이 넉넉한 것富이며, 다음으로 몸이 건강하고 마음이 편안한 것康寧, 덕을 좋아하는 것攸好德, 마지막으로 하늘에서 받은 명대로 살다가 죽을 때 편안히 돌아가는 것考終命이다.

오복을 누릴 수 있는 복의 뿌리를 다섯 개나 가지고도 '복을 차버리며' 사는 경우가 얼마나 많은가. 허다한 인생이 빠져있는 딜레마다. 오죽하면 불가佛家에서는 눈, 귀, 코, 입, 몸에 생각을 더한 인간의 육근六根을 여섯 도둑, 육적六賊이라 부를까. 다 갖고도 참眞을 가리고 지혜를 앗아가니 도적이 되고 만 것이다. 감각에 붙여진 불명예스러운 이름을 떼어낼 수 있다면 오복을 누리는 삶의 주인공이 될 수 있다.

스즈키 슌류鈴木俊隆, 1904~1971가 지적했듯이 불교는 "불교에 관해 공부하는 것이 아니라 자기 자신에 관해 공부하는 것"이니 불가 이야기로 한 걸음 더 들어가 보자. 인간이 지닌 오감은 오음五蘊이라는 다섯 가지 무더기로 각각의 에너지 작용을 불러일으킨다. 온갖 형체色를 만들고, 싫거나 좋다는 느낌受을 일으키고, 대상을 받아들여 상상想을 펼치고, 몸으로 반응行하고, 생각으로 분별識하는 마음 작용이다. 색수상행식色受想行識은 삶을 경험하게 하는 자아이자, 에고ego의 다른 이름이다. 즉 오감을 해석하는 자者다.

오감을 통해 전해지는 감각에 대한 2차 해석이 어떠한가에 따라 주요 감정이 결정된다. 생기生氣 가득한 정서이거나 탁기濁氣 그득한 정념情念으로 우리 삶을 주름잡는다. 같은 현상을 마주하고도 다른 감정을 갖게 되는 것은 각자의 에고가 하는 해석의 차이에 있다. '나는 주로 어떤 해석을 하는 사람인지'를 살펴보는 것은 나를 이해하는 참 좋은 길이다. 왜냐하면 이미 오랫동안 해왔던 반사적인 해석 패턴이 있고, 자동적인 반응이 큰 자리를 차지하고 있을 터이기 때문이다. 감정도 습관이다.

힘든 감정에서 벗어나고 감정의 숲에서 길을 잃지 않기 위해서는 감각이라는 있는 그대로 현실과 감정이라는 나의 주관적 해석을 분리하는 기술을 연마해야 한다. 감각 빼기 감정이다. '괴롭다. 짜증 난다. 화난다.'는 자동화된 감정풀이를 대상과 한 뼘 분리해 보는 연습이다. 해석 대신 멈춤이다. 멈추면 연기처럼 사라진다. 감정과의 씨름에서는 이길 수 없다. 이겨도 이긴 게 아니다. 습관적인 반응, 늘 하던 대로 하는 해석 대신 한 걸음 물러난 자리에서 그냥 물끄러미 바라보는 선택을 해 보자. 싸우지 않고 이길 수 있다. 고수의 승리다. 가만있기가 어렵다면 "이게 무언가?" 묻고, "오직 모를 뿐"이라고 답한다. 한 세 번 반복해 본다. 언제? 시시때때로! 한두 번 해보고 안 된다고, 어렵다고 투정 부리지 말자. 연습은 될 때까지 하는 거다. 자나 깨나 한 연습으로 눈 감고도 저절로 되는 사람이 달인이다.

나는 감정이 아니다

감정은 나를 윤택하게도 하고, 비참하게 한다. 그 사용법을 알아 다치지 않는 것이 내 인생의 달인이 되는 수다. 감정은 세상의 온갖 아름다움을 향유하고, 사랑을 통해 생명력과 창조력이 부풀어 오르는 데만 아낌없이 쓰자. 그러다 간혹 나를 물에 젖은 두꺼운 종이책처럼 무겁게 끄집어 내리는 힘든 감정이 스멀스멀 올라올 때는 속히 알아차리기로 하자. "나는 감정이 아니야"라고. 잘못된 해석이라고. 오역誤譯을 멈추고 속히 에고가 감추고 있는 진짜 나에게 돌아오면 된다. '큰 나'는 자연을 닮았다. 별처럼 반짝이고, 태양처럼 따뜻하고, 바다처럼 크고 깊다. 그리고 기억하자.

> 태양이 나만 피해 비추지 않듯이, 내가 나를 소외시키지 않아야 한다.
> 나무가 나를 꾸짖지 않듯이, 나를 미워하지 않아야 한다.
> 장미가 다른 꽃과 자기를 비교하지 않듯이, 나를 남과 비교하지 않아야 한다.
> 비가 마주할 땅을 판단하지 않듯이, 내가 만나는 세상을 판단하지 않아야 한다.
> 모든 강줄기가 바다에 다다르듯이, 나는 의식의 깊은 심연에 이를 것이다.

바다는 사랑이다.
실은 나도 바다다.

성소은

PaTI(파주타이포그라피배곳)에서 명상을 가르치고 있다. 일본 동경대학교 대학원에서 법학정치학 석사, 한국 성공회대학교 대학원에서 사회학 박사과정을 수료했다. 한·일 양국 정부와 국제교류 기관에서 일하다 "진리를 알지니, 진리가 너희를 자유롭게 하리라"는 성경구절을 화두로 삼십 대 중반에 참 자유를 향한 여정을 시작했다. 저서로는 『반려명상』, 『선방에서 만난 하나님』, 『경전7첩반상』, 『반려명상』, 『나를 찾아가는 십우도 여행』(공저)이 있다.

번거로운 일이 '기회'가 될 수 있을까?

| **린 로씨** 미국 건강심리학자

월요일 이른 아침, 나는 차고를 정리해야겠다고 생각했습니다. 몇 주 동안이나 쌓아둔 재활용품을 정리할 때가 되었기 때문이죠. 어지럽게 쌓인 쓰레기를 바라보고 있노라면 스트레스에 미쳐버릴 것 같은 고통을 받아왔어요. 얼마 전부터 내가 사는 지역에서는 더 이상 재활용품을 방문 수거하지 않고 있습니다. 그래서 나는 번거롭게도 종이나 플라스틱, 유리 등을 직접 지정된 쓰레기 처리 구역까지 내놓아야 합니다.

그런데 막상 쓰레기를 들고 가도 처리 구역에 도착해도 문제는 쉽게 해결되지 않습니다. 쓰레기통이 꽉 차서 아무것도 넣을 수 없는 상태이거나 아예 쓰레기통 자체가 없는 경우가 허다합니다. 불과 얼마 전에도 같은 상황을 겪었으니 말이죠. 그때는 다행히도 같은 상황을 경험한 한 여성의 도움으로 다른 재활용 처리 구역을 찾을 수 있었습니다. 그렇게 어렵사리 무거운 쓰레기 더미를 내려놓을 수 있게 됐습니다.

지난 월요일이었죠. 그날은 운이 좋았는지 쓰레기통에는 공간이 충분했어요. 잠시 차를 주차하고 짐들을 하나씩 내리기 시작했습니다. 마침, 흰색 혼다 차를 타고 온 한 남자도 나와 같은 시간에 짐을 내려놓고 있었습니다. 다른 사람과 소통하고 인사 나누는 것을 좋아하는 저는 길을 건너면서 그에게 미소를 담아 격려를 보냈습니다. 돌이켜보면 제가 조금 특이한 성격일지도 모르겠다는 생각이 듭니다. 그는 전혀 화답하지 않았거든요.

사물을 바라보는 두 가지 방법

그 남자와 다시 마주친 것은 이번 주 쓰레기를 버리고 차로 돌아오던 때였습니다. 그는 조용히 "정말 번거롭다."라고 중얼거리고 있었어요. 저는 잠시 고민에 빠졌습니다. 그가 말하는 '번거롭다'는 의미가 재활용품을 버리러 시내까지 나와야 하는 상황에 대한 불만인지, 아니면 그를 미소 짓게 하려는 나의 노력에 대한 비아냥인지 알 수 없어서였어요. 물론 후자의 의미는 아니라고 생각합니다.

그럼에도 저는 순간적으로 큰 충격을 받았어요. 그의 불평에 저는 대답하지 않았습니다. 그리고 그 이후부터 그를 향해 미소를 보내는 일도 없게 됐습니다. 그가 '번거롭다'는 말과 함께 보내온 강한 에너지 탓에 한참을 슬픈 감정에 빠지고 말았습니다. 짐을 모두 내리고 다시 집으로 운전해서 가는 동안 계속 그 말이 떠올라 괴로워했답니다.

아마도 "정말 번거롭다."며 불평하는 그의 태도에 슬픔을 느꼈던 것 같습니다. 왜냐하면 저는 정반대의 태도를 취하고 있었다는 사실을 깨달았기 때문이에요. 차를 타고 이동하여 재활용품을 내려놓을 수 있다는 사실에 행복감을 느꼈습니다. 쓰레기들이 재활용되기를 바라는 마음도 있었어요. 그리고 나를 괴롭게 만들었던 쓰레기가 사라진 차고를 바라보며 기뻐했습니다. 아직 정오도 되지 않았음에도 큰 성취감에 취했습니다.

재활용 분리수거와 같은 단순한 일에서도 이런 무의식적 특권을 누릴 수 있다고 생각해 본 적 있으신가요? 우리에게는 재활용 쓰레기를 분리 수거장까지 운반할 수 있는 차가 있습니다. 차량을 운행하기 위한 기름값과 유지관리비도 있죠. '재활용 쓰레기'는 여러분의 삶을 편하게 만들어주는 음식이나 음료, 생활용품이기도 합니다. 아마도 그중 대부분은 필수품이 아닐지도 모르겠지만요.

우리의 특권 인정하기

생각한 대로 순조롭게 삶이 흘러가지 않아 조급하고 짜증이 나는 일이 많습니다. 자연스럽게 타인을 대하는 태도 역시 불친절하게 변하죠. 쓰레기를 버리러 가는 길이 짜증스러우신가요? 아니면 기상 이변으로 비행기가 연착되는 상황에 화가 나지는 않나요? 신호등이 초록색 등으로 변경되어도 출발하지 않는 다른 운전자에게 경적을 울리지는 않으셨는지요.

조금만 마음에 여유를 두고 생각해 봅시다. 우리는 언제나 감사한 특권을 누리며 살아가고 있답니다. 아침에 눈을 뜨고 일어나는 것이 얼마나 큰 특권인지 기억하는 것이 중요합니다. 이뿐만이 아닙니다. 매일 따뜻한 물로 샤워할 수 있는 집이나 음식을 신선하게 유지해 주는 냉장고가 있다는 사실도 감사한 일이에요. 누군가는 옷이 너무 많아서 한 번도 입지 않은 옷도 있으리라 생각합니다.

우리는 종종 이렇게 복에 겨운 특권을 당연하게 여기고 있습니다. 오히려 부족하다며 더 필요하다고 강하게 요구하고 있죠. 어찌 보면 굉장히 흥미로운 현상이기도 합니다.

대하는 방식의 선택

매 순간 여러분의 삶은 선택의 순간을 맞이합니다. 어떻게 접근하느냐에 따라 새로운 기회를 얻게 된다는 얘기입니다. 가령 "정말 번거롭다."와 "정말 좋은 기회다."라는 태도로 구분될 수도 있겠네요. 만약 번거롭다는 태도로 접근하게 되면 당신은 자연스럽게 우울함에 빠져 화를 내고 비판적인 행동을 취할 가능성이 높습니다. 인생이 마치 끊임없는 전쟁터처럼 느껴질 수도 있어요.

그런데 만약 처한 상황을 긍정적으로 바라보려고 노력한다면 더 많은 감사와 자비로운 마음을 갖게 될 것입니다. 삶 자체가 선물처럼 느껴지고 주변에서 벌어지는 다양한 일들이 축복처럼 느껴지기 시작하죠. 어떤 상황에 부닥치든 여러분의 선택에 따라서 이렇게 다른 결과로 이어집니다.

이런 태도는 어중간한 상태의 긍정을 초월하는 결과를 초래합니다. 평소 겪는 몇몇 좋지 않은 일들에 대한 불평 대신 삶을 더 행복하게 만들어 줄 수천 가지의 일에 집중하게 됩니다. 이는 자기 삶에 존재하는 '특권'을 인식하게 되는 과정이 됩니다. 그리고 자신이 누리는 특권에 대한 보답을 찾는 방법으로 이어질지도 모릅니다.

저는 오랫동안 '감사하기'를 실천해 오고 있는데, 이 연습은 삶에 큰 도움이 되고 있습니다. 어떤 일이 틀어지거나 잘못되는 상황에서도 부정적인 부분보다는 좋은 면을 찾으려고 노력하게 되었어요. 끊임없이 불평하는 사람의 짜증 속에서도 긍정적인 부분을 찾아보는 연습은 저와 여러분 모두의 과제입니다.

내 친구인 릭 헨슨은 자신의 책 *The Buddha's Brain*에서 이런 상황을 재미있게 묘사하고 있어요. 우리의 뇌는 부정적인 생각에 대해서는 테이프처럼 끈적하게 달라붙고, 긍정적인 생각은 마치 코팅제처럼 튕겨내는 경향이 있다는 것입니다. 동시에 뇌의 이런 본능에도 불구하고 우리는 마음이 한 일을 자각할 수 있고, 또 이를 수용하거나 거부할 수 있는 능동적인 능력을 갖추고 있다고 강조합니다.

대표적인 방법인 '마음챙김'은 우리가 현재 느끼는 여러 생각들을 알아차리는데 탁월한 실천법입니다. 예를 들자면 마치 탁 트인 하늘에 떠 있는 구름처럼 생각을 흘러가게 만드는 것과 같죠. 당신은 수많은 구름 중에 하나를 골라 그 위에 올라탈 수도 있고, 그저 텅 빈 마음 속에서 자유롭게 흘러가도록 내버려둘 수도 있습니다.

누려온 특권을 나누는 소소한 방식

자신이 어떤 태도를 취하는지에 따라 특권에 대한 감사한 마음을 느낄 수 있을 것입니다. 그렇다면 오히려 이를 다시 다른 이들과 나눌 수도 있지 않을까요? 저는 나름의 방식으로 작은 실천을 하고 있답니다. 제가 지내고 있는 미주리주 콜롬비아에서는 플라스틱 사용을 줄일 방법이 있습니다. 콜롬비아의 유일한 식물성 식단 식당plant based eatery인 메인 스퀴즈Main Squeeze를 운영하는 리 록하트Leigh Lockhart는 자신의 가게를 놀라운 아이템들로 가득 채우고 있습니다. 대나무, 코코넛, 나무, 양모 등 지속 가능한 재료로 만든 수백 가지 제품과 일회용 플라스틱 사용을 줄이는 데 도움이 되는 리필러리를 갖춘 에코 마켓이 마련되어있기 때문이죠.

그곳에서는 또 리필할 수 있는 세탁 세제, 섬유 유연제, 청소용품, 주방 세제, 식기세척기 세제 등을 판매하고 있습니다. 미주리주의 한 회사에서 제품을 공급받아서 큰 용기가 비면 바로 리필을 하러 갑니다. 여러분도 할 수 있는 쉬운 일입니다. 이렇게 하면 재활용 쓰레기통에 자주 갈 필요도 없습니다. 그녀의 모토는 "리필은 새로운 재활용"Refilling is the New Recycling입니다.

아마 조만간 차고에 쌓인 재활용 쓰레기와 마주하게 되겠지요. 하지만 저는 또 다른 선택을 시도하고 있습니다. 여러분도 마찬가지예요. 갑작스럽게 처한 상황 속에서 "정말 번거롭다."라고 하실 건가요, 아니면 "정말 좋은 기회다."라고 하실 건가요?

선택은 여러분의 몫입니다. 우리의 삶에는 늘 새로운 기회가 펼쳐지고 있으니까요.

린 로씨 Lynn Rossy

미국 EMYoga(Advanced Energy Medicine Yoga®) 교수로 건강 심리학을 가르치고 있다. 마음챙김 식사, 직장 건강 및 스트레스 감소를 위한 마음챙김을 연구하고 있다. 저서로는 *The Mindfulness-Based Eating Solution*이 있다.

자기 인식을 개선하는 방법

| **윌리엄 반 고든** 영국 더비대학교 교수

현대 생활의 빠른 속도와 기술 지향적인 특성으로 인해 우리는 끊임없이 주의를 기울여야 한다. 따라서 그 어느 때보다 건강한 수준의 자기 인식을 유지하기 위해서는 나 자신과 내 안팎에서 일어나는 일들을 알아차리는 데 도움이 되는 전략과 꾸준한 노력이 필요하다.

그러나 현대 생활은 대부분의 사람이 한 가지 활동에 몰두하는 데 익숙해져 있으므로 주의가 산만해지려는 욕구에 의존하기 쉽다는 것도 사실이다. 즉, 시간이 남는다고 해도 이를 내면을 성찰하는 기회로 삼기보다는 습관적으로 휴대전화를 집어 들거나 TV를 켜거나 다른 방법으로 주의를 분산시키는 경우가 많다.

자기 인식의 이점에 대한 과학적 증거는 이미 많이 알려져 있다. 그러나 중요한 것은 많은 사람이 그들이 발견한 것을 인식하지 못하거나 심지어 좋아하지 않을 수도 있기에 내면을 들여다보는 것은 어려운 일이 될 수 있다는 것을 기억해야 한다.

자기 인식의 이점

연구에 따르면 자기 인식은 감정 조절, 자신감, 의사 결정 능력, 관점 파악, 리더십 기술 향상 등 다양한 이점을 가져다준다. 자기감정을 더 잘 이해하고 관리할 수 있는 자기 인식의 이점은 대인 관계까지 나아가 영향을 준다. 자기 인식이 잘 된다면 우리는 다양한 상황에 따른 타인의 감정에 능숙하게 반응할 수 있다.

자기 인식의 또 다른 중요한 이점은 건강과 웰빙과 관련이 있으며, 자기 인식은 자기 연결감, 자기 성취감 및 삶의 만족도를 높이는 것으로 나타났다.

자기 인식이 있는지 확인하는 방법에 대해 알아보자. 신체 움직임, 자세, 감각에 대한 일반적인 인식부터 마음을 움직이는 모든 생각, 기억, 충동, 개념, 신념, 지각 등 자신의 감정과 정신적 과정에 복잡하게 관여하는 것까지 다양한 층위의 자기 인식이 존재한다.

자기 인식이 낮은 사람들은 일반적으로 자기 인식이 제한적이라는 사실을 알아차리지 못한다. 이는 자신의 심신과 연결되어 있지 않다는 단순한 이유 때문이다. 반면에 자기 인식 수준이 매우 높은 사람들은 '참여 관찰자'라는 렌즈를 통해 삶을 살아갈 수 있는 능력을 갖추고 있다. 이 능력에는 심지어 '내가 지금 자기 인식을 하고 있다는 것을 알아차린다.'는 것도 포함될 수 있다. 이것은 자기 인식이 높은 사람이 이런 사실을 모를 가능성이 매우 낮다는 것을 의미한다.

자기 인식을 향상하는 기술

감정 인식감정이 몸과 마음에 미치는 영향 등 자기감정과 접촉하는 것, 정확한 자기 평가자신의 강점과 한계를 인식하는 것, 자신감능력과 자존감에 대한 건강한 감각은 자기 인식을 개발하는 데 중요한 초석이다. 다른 중요한 기술로는 마음챙김현재 순간에 일어나는 일에 주의를 기울이는 능력과 성찰자신의 정신적 과정과 행동에 대한 의식적인 검토이 있다. 이러한 기본 원칙을 바탕으로 일상생활에서 자기 인식을 개선하기 위한 세 가지 전략을 소개한다.

1. 자신을 탐구하라

내가 누구인지, 내가 어떤 사람인지 더 잘 알고 싶다면 내면을 들여다보고 개방적이고 편견 없는 방식으로 자신을 탐구해야 한다. 자신에 대해 호기심을 갖는 것은 지극히 정상적이고 바람직하며, 스스로 질문을 던져 성찰과 자기 인식을 유도하는 것은 자기 인식을 향상하는 간단하고 효과적인 방법이다.

예를 들어 다음과 같이 스스로 질문한다. "지금 내가 느끼는 감정은 무엇이며 왜 이런 감정을 느끼는가?", "지금 내가 생각하는 것은 무엇이며 왜 이런 생각이 떠오르는가?", "이 사람이나 상황이 나를 그런 식으로 반응하게 만든 이유는 무엇인가?", "내가 내 생각과 감정을 관찰할 수 있다면, 그것은 내가 그것들로부터 분리되어 있다는 것을 의미하는가? 또한 그렇다면 그것들이 나를 통제할 수 없다는 것을 의미하는가?", "특정 방식으로 감정을 느꼈지만, 지금은 그 느낌이 가라앉았는데 왜 이런 일이 일어났을까?"

2. 자신을 관찰하라

자기 인식을 개선하기 위한 또 다른 중요한 기술은 '참여 관찰자'가 되는 연습을 하는 것이다. 평소와 다름없이 일상을 살아가되 심리적으로 한발 물러나 자신을 관찰하려고 노력해 본다.

목표는 몸의 움직임과 감각으로 마주하는 모든 것을 관찰하는 데 집중하는 것뿐만 아니라 우리의 행동에 따라 촉발될 수 있는 생각, 감정, 정신적 과정을 포함하여 마음속에서 일어나는 일을 관찰하는 것이다. 생각과 감정이 특정 내용에 지나치게 신경 쓰지 않고 그냥 스쳐 지나가도록 내버려두어, 마치 하늘처럼 넓게 펼쳐진 마음속에 구름처럼 지나가게 만들어 본다.

3. 고요함 속에 앉아 마음을 비워라

자기 인식을 키우려면 마음속에 어느 정도 공간을 비우고 고요한 평화를 찾는 것이 중요하다. 그러나 마음과 정신이 산만하면 평화를 찾기란 어려운 일이다. 따라서 휴식 시간에 휴대전화를 집어 들고 소셜 미디어를 스크롤 하거나 TV를 시청하는 함정에 빠지지 않도록 노력해야 한다.

매일 고요함 속에 앉아 마음을 비우는 것 외에는 아무것도 하지 않는 시간을 확보하는 것이 좋다. 여기서 말하는 고요함이란 멍때리기, 공상 또는 단순한 휴식을 의미하는 것이 아니다. 고요히 앉아 있다는 것은 몸과 마음이 안정적이면서도 편안한 자세를 취하는 것을 의미한다. 신체적으로는 허리를 세우고 의자에 똑바로 앉거나 양반다리로 흔히 알려진 결가부좌의 자세가 이상적이다. 숨을 들이쉬고 내쉬는 것을 관찰하는 것만으로도 마음에 평화를 불러올 수 있다. 생각이나 감각이 호흡에 대한 알아차림을 방해할 때마다 주의가 산만해졌다는 것을 깨닫고 천천히 숨이 들락날락하는 것을 관찰하는 것으로 돌아오기만 하면 된다.

이러한 방식으로 자신과 함께 고요히 앉아 있는 법을 배우면 몸과 마음을 진정시키고 이완시켜 내면의 자각과 성찰을 촉진하는 데 도움이 된다. 그리고 이는 우리 자신이 누구인지 알아차리고 스스로를 이해하는 데 필요한 전제 조건이 된다.

윌리엄 반 고든 William Van Godon

영국 더비 대학교의 공인 심리학자이자 관상심리학 부교수다. 그는 명상 심리학 분야의 세계적인 전문가로 널리 알려져 있으며, 지난 5년 동안에만 3권의 저서 외에도 세계 유수의 심리학 및 의학 저널과 학술지 등에 100편이 넘는 논문을 발표했다. 저서로는 *The Way of the Mindful Warrior*가 있다.

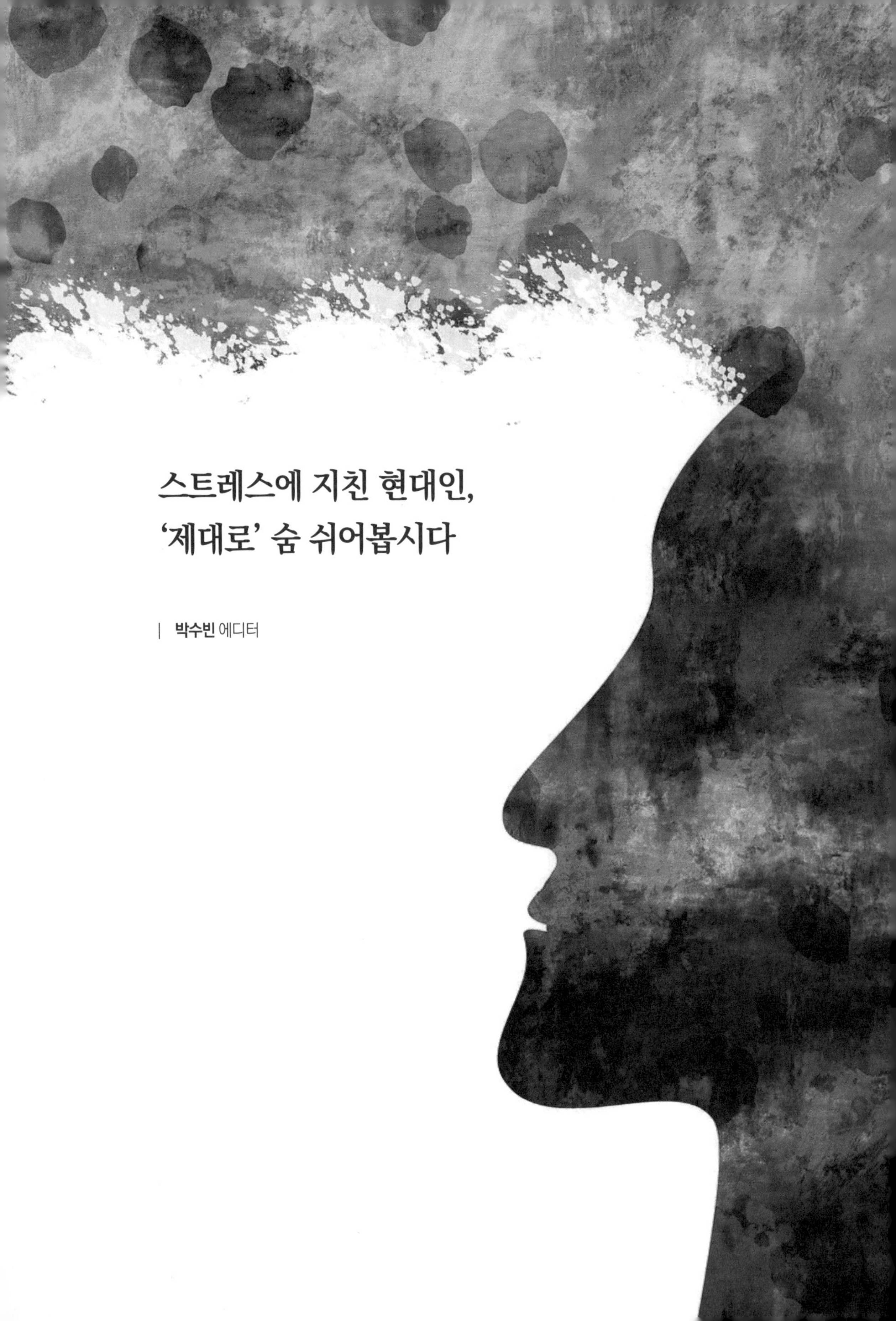

스트레스에 지친 현대인, ‘제대로’ 숨 쉬어봅시다

| **박수빈** 에디터

현대인의 스트레스가 심각하긴 한가 보다.

코로나19 이후 스트레스로 인해 정신질환을 호소하는 환자가 증가했다고 한다. 이는 더 이상 개인의 문제에 머무르는 정도를 넘어선 수준이다. 이제는 국가적 문제로 인식되며 정부는 마음건강지원사업을 실시하고 있다. 지자체에선 스트레스 완화를 위한 프로그램을 개최하고 기업에선 스트레스 완화를 위한 건강식품을 출시하고 있다. 그야말로 스트레스와 전쟁이다.

그래서일까. 이제 현대인에게 스트레스 관리는 선택 아닌 필수가 됐다. 바쁜 시간을 쪼개서라도 여행, 독서, 운동 등 저마다의 시간으로 스트레스를 관리한다. 그중 유독 눈에 띄는 분야가 있다. 바로 마음챙김 명상이다. 해외에선 이미 인기가 상당하다는데 이유는 불안과 스트레스 완화, 집중력 향상, 수면장애 개선 등의 이점이 있기 때문이다. 심리학, 뇌과학 등의 분야에서 활발한 연구가 이뤄지며 마음챙김 명상의 효과가 더욱 주목받는 상황이다.

그런데 국내에서는 명상을 실천하는 사람은 그다지 많지 않다. 조사 결과 명상에 대한 인식은 긍정적이지만 시간적 여유가 있어야 할 수 있다는 생각에 쉽게 시도하지 못하는 것으로 나타났다. 혹시 이 글을 읽고 있는 독자도 그럴 수 있겠다. 하지만 지금 숨을 쉬고 있는 사람이라면 얼마든지 일상에 명상을 적용할 수 있다. '호흡'을 통해서 말이다.

명상의 키워드가 호흡인 건 이미 많이 알려진 사실이다. 그런데 여기서 의문이 든다. 왜 호흡일까? 호흡은 우리 몸이 보내는 신호를 알아차릴 수 있는 유용한 수단이기 때문. 한숨을 예로 들어보자. 스트레스 상황에서 가슴이 답답해져 한숨을 내뱉곤 하는데, 이는 스트레스로 인해 교감신경이 활성화돼 심장이 빨리 뛰고 가슴근육이 긴장돼 나타나는 현상이다. 즉 한숨은 내 몸이 스트레스에 반응했다는 신호다. 이때 활성화된 교감신경계를 부교감신경계로 전환 시킬 수 있는 것도 호흡이다.

마음챙김 명상에서는 호흡 알아차리기를 기본으로 한다. 호흡에 집중하며 떠오르는 생각을 판단하지 않고 그저 바라보는 수행이다. 즉 호흡 연습을 통해 얼마든지 명상을 일상에 적용할 수 있단 얘기다. '난 지금도 호흡하고 있는데?'라고 생각할 수 있겠지만 호흡에도 연습이 필요하다. 이 글에서는 일상에 적용할 수 있는 유용한 호흡법을 소개하고자 한다. 일명 '박스 호흡'과 '4-7-8' 호흡이다.

긴장된 마음을 진정시키는 '박스 호흡'

처음 소개할 호흡은 '박스 호흡'Box Breathing이다. 박스 호흡은 네 면을 가진 모양의 박스에 호흡 방식을 빗대어 붙인 이름이다.

이 호흡법은 미국 네이비실United States Navy SEALs, 미 해군 특수부대에서 사용하는 호흡법으로, 긴장된 상황에서 마음을 진정시키고 임무에 집중할 수 있도록 돕는다. 부대에서 시작된 호흡법이 대중에게까지 전파된 이유는 언제 어디서나 쉽게 할 수 있고, 즉각적인 효과가 있기 때문이다. 방법도 매우 간단하다.

- 먼저 하나부터 넷까지 세며 코로 숨을 들이쉬고, 넷을 세며 숨을 참는다.
- 다시 넷을 세며 내쉬고 넷을 세며 참는다.

이 연습이 익숙해지면 날숨을 더 길게 해도 좋다. 날숨을 길게 하면 더 강하게 부교감신경을 자극할 수 있다. 몸을 더욱 이완시킬 수 있어 숙면에도 도움이 된다고 한다. 날숨을 길게 하는 경우 넷까지 들이쉬고, 넷까지 참고, 여섯까지 내쉬고, 둘까지 참는 것을 반복하면 된다. 적어도 6회를 반복하고 필요하다면 더 많이 해도 좋다.

박스 호흡은 다양한 긴장의 상황에서 사용할 수 있는 유용한 호흡이다. 특히 면접이나 발표, 시험 등 집중력을 유지해야 하는 상황에 더욱 그렇다. 몸의 이완을 위해 잠들기 전에 시도해도 좋을 것이다.

불면증에 효과적인 '4-7-8 호흡'

미국 애리조나대학의 앤드루 웨일Andrew Weil 박사가 개발한 이 호흡은 몸을 깊은 이완 상태로 유도한다. 폐에 많은 산소를 공급해 부교감신경과 뇌의 안정을 유도하여 숙면에 도움을 주는 원리다. 호흡법은 다음과 같다.

• 숨을 들이쉰 다음 입으로 숨을 내쉰다.

• 입을 다물고, 속으로 넷까지 세면서 코로 조용히 숨을 들이쉰다.

• 숨을 참으며 일곱까지 센 후, 여덟을 속으로 세며 입으로 내쉰다.

• 이 호흡을 4번 반복한다.

4-7-8 호흡은 수면장애로 고통받는 사람들에게도 효과적이지만, 장거리 비행처럼 잠자리가 바뀌어 쉽게 잠이 들지 못할 때도 유용하게 활용할 수 있다.

소개한 박스 호흡과 4-7-8 호흡 외에도 깊고 느리게 심호흡하는 것만으로도 '안정감'을 불러오는 부교감신경을 활성화할 수 있다고 한다. 호흡은 특별한 시간이나 공간이 필요하지 않다. 아침에 일어나서, 출퇴근 시간에, 업무를 시작하기 전에, 잠들기 전에 등 일상생활에서 쉽게 할 수 있으니 언제든 한번 시도해 보는 건 어떨까. 이를 통해 독자들이 건강한 나날을 보내시길 기원해 본다.

IPKU Magazine

정기구독을 신청하시면 편하게 IPKU Magazine을 만나실 수 있습니다.

입금정보

계좌번호 국민은행 407501-01-215645 (입구)

예금주 IPKU

신청자와 입금자 성함이 동일해야 입금 확인이 가능합니다.

정기구독료

4회 ~~68,000~~ → **57,000**

8회 ~~136,000~~ → **108,000**

12회 ~~204,000~~ → **163,000**

정기구독 신청

IPKU Magazine 정기구독을 원하시는 분은 다음의 사항을 기입하여 이메일로 보내주세요

1. 이름
2. 나이
3. 주소
4. 휴대전화
5. 이메일
6. 구독 회차 Story ___부터 ___까지 (___회)
7. 정기구독을 결정하게 된 이유
   (의견을 남겨주시면 추첨을 통해 선물을 보내드립니다.)

문의

Homepage www.ipku.co.kr

E-mail desk@ipku.co.kr

Blog blog.naver.com/ipkumagazine

Newsletter ipkumagazine.stibee.com

IPKU 뉴스레터 

정기구독 신청